株と金《ゴールド》の大投資術

天海源一郎

幻冬舎

株と金《ゴールド》の大投資術

天海源一郎

幻冬舎

はじめに　株価と金価格が同時に上がる時代到来

日銀低金利バブルが発生する

日経平均株価は2024年7月11日にバブル期の1989年12月29日の史上最高値3万8915円87銭（終値）を更新し、4万2224円02銭（終値）まで値を伸ばしました。いまのところこの値が「史上最高値」です。コロナ禍からの完全復活を見せたのです。

しかし、事態は急変します。

その後、過去にないほどの急激な株価下落に見舞われました。しかも、その引き金を引いたのがほかならぬ日銀です。日銀は7月31日の金融政策決定会合で追加利上げを決定、その直後、植田和男日銀総裁が「さらなる追加利上げ」を示唆したことから、為替市場で急激な円高となり、株式市場も急落に見舞われました。

8月5日、日経平均株価は4451円28銭安の、3万1458円42銭まで叩き売られました。「令和のブラックマンデー」と称される波乱です。

多くの個人投資家はこの急落によって、東京市場は死に絶えたと思ったのではないでしょうか？

ところが、その後日経平均は戻りを試すことになります。高値こそ更新していないものの、大方の予想を覆す急反発となりました。

10月には反マーケット的と思われた「石破内閣」が成立、その後、小波乱となりましたが、戻りを見せています。

この動きはいったい何だろうか？

実はこの答えをまだ個人投資家は得ていません。しかし、株価が戻りを試し、強い動きをしているのですから、何か要因があるのです。

私は「日銀低金利バブルの発生（への期待）」だと睨んでいます。追加利上げ後の株価急落によって、日銀は当初よりも利上げペースを緩めざるを得なくなったと思います。「また株価が急落するとマズい」というものです。小幅の利上げはするものの、1・0〜2・5％とされる中立金利まで急な利上げはしない……金融緩和状態を継続せざるを得なくなったと見ています。

金融緩和状態継続は、市中に出回るカネの動きを活発にしていきます。

実はこの金融環境は長く続いていますが、さらにそれを継続することになり、次第にカネがジャブついてくる。日本のマクロ経済環境はすでにコロナ禍を経て好転しており、本来利上げペースを速くすべきですが、それができない。

さらにカネがジャブジャブするのです。

当然のように株式市場に資金が流れ込んでいきます。いや、その端緒はすでにあります。それこそが「急落からの急反発」です。

2024年末に日経平均株価は一時4万円を回復しました。

日銀の行動によって急落した株価は、日銀の姿勢の転換によって、「低金利バブル」へと突入していくものと見ています。

私は平成バブル崩壊途中の1992年から株式投資に取り組んでいる投資家でもあります。2016年に上梓した『こんな時代にたっぷり稼げる株の見つけ方』（幻冬舎）の冒頭で、「遠くない時期に日経平均は3万円になる」（当時の日経平均は1万8000円〜2万円の往来）と日本一早い「3万円予想」をしていました。

その私から見ても、いまの株価の動きは、過去にも度々あった反発局面とは全く異なる「期待」を内包しているものと感じられます。

「コロナ禍への対応」が史上最高値に向かう株価上昇につながり、日銀によって急落し、ここから先は日銀によって一段高へと向かうことでしょう。数年単位で見れば日本株は「ほぼ青天井」となるかもしれません。低金利バブルが本格化すればそうなっても不思議ではありません。

２０２４年からは税制優遇制度「新ＮＩＳＡ」（Nippon Individual Savings Account／少額投資非課税制度）の拡大によって多くの日本人が株式投資に参入したとされていますが、その資金は外国株投資信託にも流れています。日本人がまだ日本経済や日本株の先行きを不安視しているのでしょう。この環境は過去の経験則からは「おいしい時（安値買い）」と判断できます。

ここからしばらくの時を経て、日本人は重い腰を上げることでしょう。日銀低金利バブルの発生に気付くことなく、上がるから買う、買うから上がるということになりそうです。かつてのバブル期もほぼ同じ構図でした（当時は１９８７年のＮＴＴ株上場が起爆剤となりました）。

「いまの若い人」は株式投資への意欲が高いように見えます。日本株は一応、２０１３年のアベノミクス開始時から右肩上がりの状態にあります。コロナ禍で一旦は凹んだものの、その後の立ち上がりは強烈で、つまり10年以上堅調な市場なのです。中年以上の人は、アベノミクス以前の日本株の停滞を知っているため、堅調な動きを前にしても「どのみちまたダメになるのだろう」と考える傾向があるように思います。しかし、「若い人」はアベノミクス開始時にまだ学生だった人がほとんどです。彼らもすでに社会人となっていますが、その間、日本株は堅調であり続けています。「これからも上がる」というイメージが先行することは容易に想像できます。「若い人」の間ではすでに投資というものは身近なものとなっています。

株価は本格的に上がり始めると、そう簡単には止まりません。

金（ゴールド）と株の同時高

本書は株だけでなく「金（ゴールド）」の価格上昇についても述べるものです。実は「金」は株価と逆相関にあると考えられています。

株は経済環境が良好で、企業業績が拡大する時に上昇するものとされ、これに対し金は経済環境が悪化し、株価や通貨に不安が生じる時に代替投資として浮かび上がるものとされています。金は世界のどこでも同一の価値を有し、どこでも換金できるというのがその理由です。株や通貨のマネーマーケットに不安が生じた時に価格が上昇するのが常で、経済危機や戦争・紛争が起こるいわゆる「地政学的リスク（政治的、軍事的、社会的な緊張の高まりが、その地域や世界経済に与える悪影響のこと）」が意識されると価格が上昇します。2008年のリーマン・ショックによって引き起こされた世界経済不安時にも価格が急騰しました。いまはその後の下落を経て、コロナ禍から再び強い反発を見せ、さらに高い水準に向かっています。

ドル建て金価格　約2倍
円建て金価格　　約3倍

円建て金価格はドル建て価格に為替相場をかけ合わせたもので、円安が進行したことから見かけ上はドル建てよりも大きく上昇しました。

なんと！　コロナ禍後の金価格は株価に不安がある時に注目されるという原則に沿った動きではなく、株価とともに上昇しています。これはいったいどういうことでしょうか？

振り返れば、金価格上昇の要因となる「不穏な出来事」は多く起きています。ロシア・ウクライナ戦争、イスラエルとパレスチナのイスラム組織ハマスやヨルダンのイスラム勢力ヒズボラとの戦争（後ろ盾はイラン）、軍事力を増した中国による南シナ海、東シナ海への海洋進出――不穏なことだらけです。

トランプ氏が大統領に再任された米国では世論の分断がさらに強くなる可能性もあります。米国内が揺れることも「地政学的リスク」と考えられます。

金価格には追い風となる環境です。

「それならば株価は下がるのではないのか?」

通例ではそうかもしれません。不穏な世の中にあって株価が上昇するかは疑問です。しかし、株は「日銀低金利バブル」が追い風になるのです。


「株価も金価格も上がっていく」


私たちは、大きな変化について認識しなければならない時に来ています。本書はその理由を明らかにし、その流れに乗り、投資の利益を得ていこうとするものです。具体的な方法や銘柄などにも言及していきます。

大きな変化が現れる時がチャンスであることは昔もいまも変わりません。そして変化はそれ以前とは異なる価値観や動きによって生じます。

株も金も価格の推移に変化が表れるのです。

他人より早くそれに気付き、資金を投入することで投資の成果を得ることができますが、まずは「変化」の実際を理解しなければなりません。ここから数年が勝負の時です。大きな投資成果を上げていきましょう。

やりたいことをやり、好きなように生きていくにはお金が必要です。投資チャンスにあふれているいま、素通りは厳禁です。

私は、先行した人だけ立ち入ることのできる「黄金郷（エルドラド）」があると考えています。

Let's take a chance!

天海源一郎

株と金《ゴールド》の大投資術

目次

第二章 金は不穏な動きが大好き

第三章

株式投資に必要なこと

第四章 金投資のポイントをわかりやすく

第五章

注目される銘柄はこれだ！

第一章 >>>

株価が上がるこれだけの理由

コロナ禍からの健全な脱却

コロナ禍が相場の起点に

2023年からの株価の上昇と高値揉み合いは、「コロナ禍が起点になり、コロナによって引き起こされたもの」。そう言うと、疑問や憤りを感じ、デリカシーのない見方だと思われるかもしれません。

実は、この見方は私の主観というわけではなく、「株価」そのものが表していることです。

コロナ感染拡大の初期は、コロナがどのような疫病なのかわからず、治療薬や予防のワクチンもありませんでした。そのため、株式市場は先行きを悲観して売り一色となり、さらに売りが売りを呼びました。

「コロナショック」と呼ばれる相場の下落です。

株式相場は2020年の初頭から急落に次ぐ急落となり、年初に2万4000円台を付けていた日経平均株価は、ものの数か月で1万6500円を割り込む水準にまで下落しました。この相場下落を見て、「もう株式市場はダメだ」と絶望感が広がりましたが、それ以前に、「こんな大変な時に相場のことなど考えていられるか！」というムードさえ充満したのです。

ところが、株価はそこから驚くような勢いで反発していきます。過去の上昇局面を凌駕する勢いで上昇し、あっという間にコロナ禍以前の水準に回復。2021年2月には、日経平均は3万円に到達します。これは、まだコロナ禍の真っただ中に起きた話です。

なぜこんな話をしたかと言いますと、今後の株高を考える上で、まずこの流れを振り返り、頭に入れておくことが重要になるからです。冒頭で株高は「コロナ禍が起点になり、コロナによって引き起こされた」と述べました。そして、この先もコロナ禍を起点に株式市場を考えることが必要です。これをまず頭に入れておいてください。

コロナ禍のマネーの動きに影響したこと

コロナ禍以降の日本の株式市場の転機は、以下の3つに集約されます。

①新型コロナの世界的まん延によるショック安
②主要各国政府による財政出動と中央銀行による金融緩和
③ファイザー社による「コロナワクチン完成」の報

コロナ禍の数年を振り返ると、世界の投資マネーの動きに大きく影響を与えたのが、この3項目。①から③のそれぞれが、マネーの動きの転機になったと指摘することができます。

①の「新型コロナの世界的まん延によるショック安」については理解しやすいでしょう。感染拡大の初期は際限なくコロナが流行し、人がバタバタと倒れていく。「もしかすると自分もそうなるかもしれない」という恐怖が人々を支配していました。新型コロナの感染拡大が説明される際には、14世紀中頃に欧州で大流行した黒死病（ペスト）が引き合いに出されることもありました。正確な数字は不明ですが、ペストによる当時のヨーロッパ全体の犠牲者は推計5000万人で、総人口の4分の1から3分の1がペストによって亡くなったなど

と紹介されたことも、人々の恐怖に拍車をかけました。

もう一つ、コロナの怖さが鮮明となった出来事として、ザ・ドリフターズのメンバーで人気コメディアンの志村けんさんが２０２０年3月29日、新型コロナウイルス感染症による肺炎で死去したことが挙げられるでしょう。志村けんさんを始め、何人かの著名人が新型コロナによって亡くなったことは、日本中に大きな衝撃を与えました。コロナ禍では、人々の活動は制限され（緊急事態宣言、まん延防止等重点措置）、企業活動は急速に鈍化します。大幅な業績悪化に見舞われることは明らかでした。

株価は予想外に早期回復

そんな絶望的な状況の中、株価は底打ち反転を見せます。最大の要因は、各国政府や中央銀行が迅速に新型コロナ対策に取り組んだことです。日・米・欧の政府・中央銀行は、コロナによる経済的混乱を食い止めようと、巨額の財政出動と大幅な金融緩和に打って出ました。財政出動は生活に困窮する人への給付金、さらには企業に対する補助金として、人々の暮らしや企業活動を直接的に支えました。また中央銀行による金融緩和は、金融市場に莫大なマネーを供給することで、マネーマーケットの混乱を食い止めることを主な目的として行われました。

過去の経済的混乱では、金融市場において流動性が枯渇（買い手がいないため売り一色となり、値段が付かないような状態）し、株価が下がり続けた経緯があります。各国の中央銀行がコロナ禍で大規模な金融緩和に踏み切った当初、効果は未知数でした。しかし、日、米、欧の株価が底打ちしたことで、「効果あり」と認められるようになりました。東京市場を例に挙げると、２０２０年1月にコロナショックによる株価の急落が始まってから反発が始まるまでに約３か月。３月16日に日銀が国債を含む資産買い入れなどの金融緩和策を決めてからだと約１か月です。

この３か月、１か月という時間は、〝驚くほど速く〟回復の軌道を取り戻したということです。人々は感染症に怯え、経済の先行きも全く見通せませんでしたが、金融市場の混乱は避けられたのです。

東京市場では、景気の動向によって業績が左右される、「重厚長大」産業に属するバリュー（割安）株は敬遠されたままでした。しかし、独自の成長力を持つ企業の株（グロース株）や一部のベンチャー株（新興企業株）、加えて、リモートワークの推進などによって業容が拡大するとされた、ＩＴ企業の株などが買われ出しました。

これらはコロナ禍の真っただ中に起きたことであり、にわかには理解し難い現象かもしれません。金融緩和によって株式市場に流れ込むマネーが枯渇しないと判断される中で、「では、買えるのはどの銘柄か」ということを投資家が模索した結果、成長株などの上昇につながったと言えるでしょう。

この時点で、すでに株式市場は「コロナからの脱却」を見せ始めたことになり、その後の株高の端緒となりました。株価というものは、時に足元の経済状況の良し悪しにかかわらず、にわかには信じられないような動きをすることがありますが、これは株価が将来を映し出すものだからです。間違いなく、株式市場はいち早くコロナからの脱却に動き始めていました。

コロナワクチンを契機に一段高

「コロナからの脱却」を決定的にしたのは２０２０年、米国の製薬大手ファイザーの新型コロナワクチンが英国や米国で承認されたことです。当時の日本では、そのニュースを歓迎する一方で、「いつ接種できるのか？　本当に効果があるのか？」というムードではありまし

◆2020年4月〜2021年11月までの日経平均週足チャート

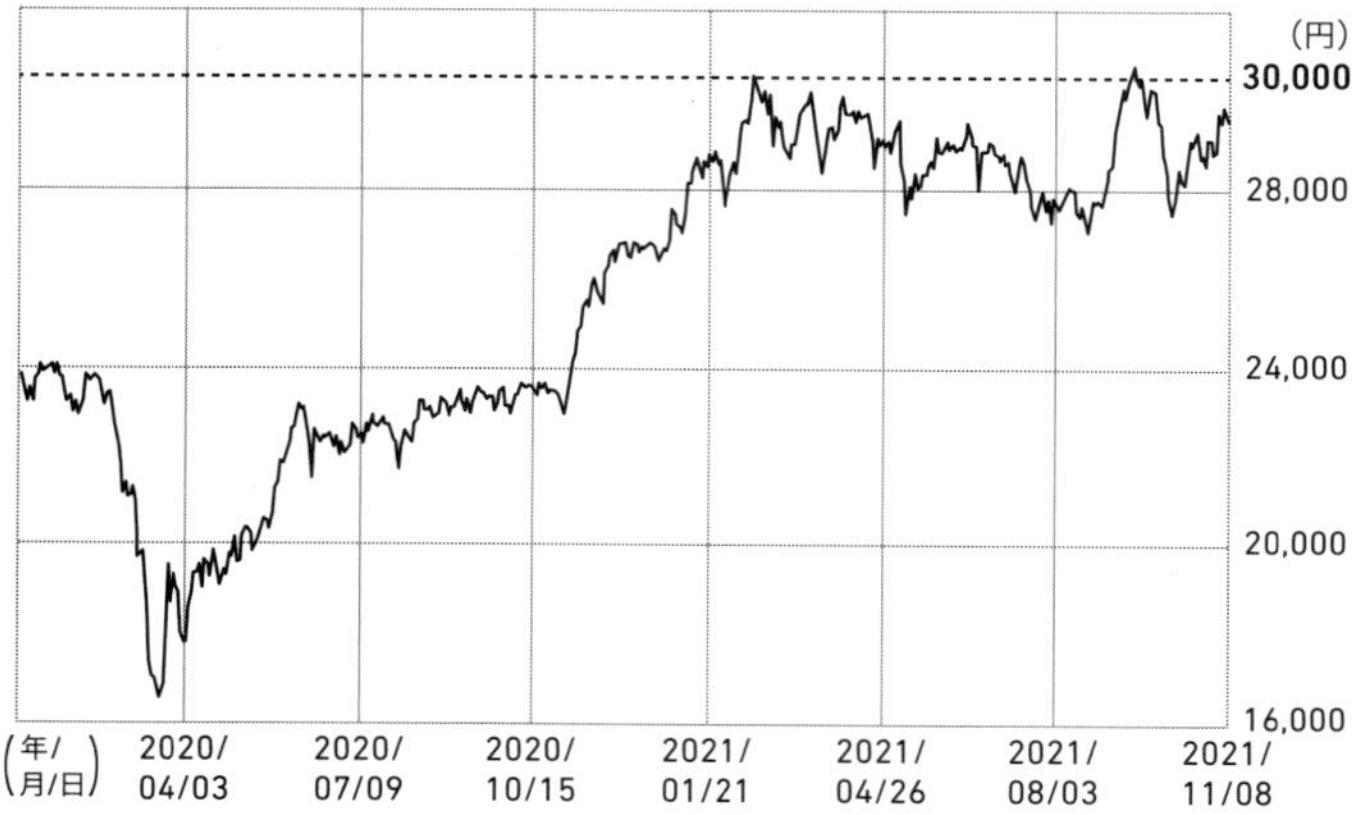

チャート提供：松井証券

た。

それは当然の反応とも言えますが、株式市場はそこから将来を反映する動きを見せました。銀行などの金融や鉄鋼、電機、重工業など、これまで低迷したままだった業種、セクターが一斉に買われ出したのです。この動きは「ワクチンによってコロナのまん延に終止符が打たれるだろう。そして、世界経済は回復に向かう」という投資家の考えを反映したものです。

繰り返しますが、世間のムードは「いつ接種できるのか？　本当に効果があるのか？」というものでした。国内感染者数の推移が毎日のようにニュースのトップで報じられるなど、新型コロナに対して神経質になっていた時期です。その中で、株式市場では、これまで敬遠されてきたマクロ経済の動きに強い相関がある業種の株が買われ始めたのです。そして、株価は上がりに上がり！　上がりまくり！　日経平均はコロナショック後に安値1万6358円をつけた2020年3月からおよそ1年後の2021年2月、とうとう3万円の大台に到達します。

これが、現在の株高の起点から本格化するまでの大まかな流れです。

世界経済を引っ張る半導体市場の拡大

コロナ禍で特需が生じた半導体

世界的に経済や社会が混乱する時には、多くの活動が収縮してしまうのが通例です。その半面、ごく限られた分野で「特需」が生じることがあります。

コロナ禍では、モノや人の動きが大きく制限されました。そして、人々の生活様式には大きな変化が生じました。最も顕著な例として挙げられるのが「リモートワーク」です。リモートワークが社会に広く取り入れられたことは、人々の仕事に大きな変化をもたらしました。

多くの企業と労働者は、リモートワークができる環境を急いで整える必要があり、それによって、「パソコン」や周辺機器の需要も急激に増加しました。他方、コロナ禍ではサプライチェーン（製品の原材料・部品の調達から販売に至るまでの一連の流れ）に混乱が生じ、一部では素材や部品を調達するため、過剰な発注もされたと聞きます。

現在の全体相場の上昇を引っ張る半導体関連株

投資家の目は「半導体」に向けられました。「半導体バブル」と表現してもいいでしょう。コロナ禍で、「半導体不足」というワードを何度聞いたことでしょうか？

半導体とは、電気を通す物質（導体）と電気を通さない物質（絶縁体）の中間の性質を備えた物質のことで、基本的にシリコンが素材です。「トランジスタ」や「ダイオード」といった半導体部品、あるいはそれらの部品で作られた集積回路の総称として「半導体」というワードが用いられることもあります。

半導体は、スマホやテレビ、パソコン、洗濯機、冷蔵庫、自動車など、日常生活に関係するありとあらゆる製品に使われていて、現代社会において「水」や「食料」などと同様、人々の生活に最も不可欠なものと言ってもいいかもしれません。これは決して大袈裟ではなく、半導体がなければ、人々の生活は産業革命時代に逆戻りすることを余儀なくされるでしょう。

コロナ禍でサプライチェーンが止まってしまったことで、当然、半導体の生産もストップしました。すでにほぼ回復しましたが、ありとあらゆる製品に使われているので、需要も膨大です。こうして、半導体業界にはコロナ禍による「特需」が発生します。このようにして、「半導体バブル」は生まれました。

時を同じくして「AI（人工知能）」が注目されるようになり、チャットGPTのような「生成AI」を活用したビジネスや商品が急速に拡大します。生成AIには、GPUと呼ばれる画像処理半導体が大量に使われるため、これも半導体バブル発生の要因となりました。

ちなみに、GPU生産の大手である米国のエヌビディアは、この半導体バブルを通して、マイクロソフトやアップル、アマゾン、アルファベット（グーグル）という世界的なメガ企業に肩を並べるレベルにまで成長を遂げています。プロの投資家で同社の株価の推移を意識しないファンドマネージャーはいないと思います。

さらに、自動車分野でもEV（電気自動車）のように半導体を大量に使用する車が普及してきました。どれもこれも、「半導体市場」を大きく拡大させる要因です。

コロナ禍以降、株式市場では「半導体関連株」が最も投資家の関心を集める業種であり続けています。株式投資の世界では、「どの業種やセクター、銘柄が相場全体の上昇をけん引する『相場の柱』になり得るか」ということが常に意識されています。引き続き「半導体関連株」が相場の柱です。

私も恩恵を受けた半導体製造装置関連株

半導体産業の歴史を振り返ると、かつてはNECや日立製作所、東芝、三菱電機などが世界で高いシェアを占め、日本は「半導体王国」として世界の半導体産業のリーダー役となって我が世の春を謳歌していました。

しかし、その後は価格競争に敗れ、業界の主導的な立場を台湾や韓国の企業に奪われてしまいます。それ以降、日本の半導体産業は凋落《ちょうらく》し、2012年2月には、半導体メモリー大手のエルピーダメモリが会社更生法を申請しました。つまり倒産です。現在の半導体の世界シェアランキングでは、日本企業はトップ10に一社も入っていません。

◆日本の主要な半導体製造装置企業

東京エレクトロン	半導体製造装置で世界3位の企業
SCREENホールディングス	半導体製造装置の世界的企業
アドバンテスト	半導体検査装置の世界首位級企業
レーザーテック	半導体マスク欠陥検査装置の世界大手企業
ディスコ	半導体研磨装置の世界的企業
東京精密	半導体ウエーハ検査装置の世界トップ企業

日本の半導体業界が低迷期を迎える中でも、分野を絞れば、世界で存在感を維持している日本企業が多く存在します。その分野とは、「半導体製造装置」です。半導体には「設計」から「製造」の流れの中で、多数の企業が関わっていて、半導体の製造を請け負う台湾や韓国の大手企業も、日本の半導体製造装置を重用しています。

上の表の銘柄は、すべてコロナ禍以降の日本の株式市場において、主導的な地位にあった銘柄です（ほかにも多くの企業があります）。私も一人の個人投資家として株式投資を行っていますが、ここ数年の投資の成績を見ると、これらの銘柄がもたらした利益が（増減はあるものの）最も大きくなっています。

半導体市場はさらに拡大する

国内半導体製造装置6社の研究開発と設備投資を合わせた投資額は、2024年3月期に5470億円。5年前の1・7倍に増えました。TSMC（Taiwan Semiconductor Manufacturing Company／台湾積体電路製造股份有限公司）や米国のマイクロン・テクノロジーなど、海外半導体大手による積極投資を追い風に、日本の装置メーカーも技術革新や生産能力増強を急いでいます。それが本格化したのが2024年です。

2023年末、日本の半導体製造装置企業の中心的な存在である東京エレクトロンの河合利樹社長は、半導体の国際展示会「セミコン・ジャパン」での講演で、「2030年には半導体市場が1兆ドル（約150兆円）を超える見通しで、業界には大きなポテンシャルがある」と話しています。

また、世界の半導体メーカーで構成される業界団体「WSTS（世界半導体市場統計）」が2023年11月28日に発表した「世界の半導体市場の予測」では、2024年は金額ベースで5884億ドル、前年比13・1％の増加になると予想していました。もちろん、過去最高の市場規模です。

ここまでの話で、半導体関連株、日本企業では「半導体製造装置」関連株の動きから目が離せないことが、おわかりいただけるでしょう。

半導体については、あまり関心がない人には、いま一つピンと来ないかもしれません。半導体不足については、たとえば「新車を購入しようと思ったら半導体不足で納期まで1年待ちと言われた」といったことが話題になっていましたし、ニュースでも度々報じられていましたから、耳にしたことくらいはあるかもしれません。

しかし、それがいかなる要因で生じ、どれだけのインパクトがあるのか。さらには、どのような企業がどのような役割を担い、株式市場においてどのように見られているのかなど、半導体不足や、それがきっかけで生じた半導体バブルなどについての理解には、かなり個人差があると思われます。

特に認識していただきたいのが、半導体関連株は総じて「コロナ禍以降の株式市場の中心に位置している」ということ。さらに、この状況はまだ続く可能性が高いでしょう。

ここを無視して、株式市場を見通すことはできません。

半導体大手・TSMCが日本に進出するワケ

世界最大の半導体企業が日本に進出

台湾のTSMCという半導体関連企業をご存じでしょうか。本章の「世界経済を引っ張る半導体市場の拡大」でも名前が挙がりました。

半導体業界では、研究開発や設計に特化した企業が、実際の製造を他社へ委託するのが主流です。こうした企業は、製造工場を持たないため「ファブレス（fabless）」と呼ばれます。

一方、他社からの製造を請け負うのが「ファウンドリー（foundry）」と呼ばれる受託製造会社です。

半導体の製造では、この「ファウンドリー」の生産能力に、業界動向が左右される傾向があります。そして、その受託製造において世界シェア5割を超えるスーパー巨大企業が、台湾のＴＳＭＣなのです。

ＴＳＭＣに半導体製造を委託している企業としては、アップル、ＡＭＤ、台湾メディアテック、ブロードコム、クアルコム、インテル、エヌビディア（つまり、台湾メディアテックを除くすべての米国の半導体企業）が挙げられます。もはや世界の有名半導体メーカーすべてが顧客と言っていいでしょう。このことからも、世界の半導体メーカーがいかにＴＳＭＣに依存しているかがわかります。

ＴＳＭＣは、世界の半導体市場で巨大な勢力を築いているのです。

株式市場でも、ＴＳＭＣの業績見通しは常に注目されています。同社の業績動向は半導体市場全体の動き、ひいてはテクノロジー分野の動向を知る端緒になるからです。ＴＳＭＣは台湾の株式市場と米ニューヨーク市場に上場していますが、ＴＳＭＣが上場していない国の市場関係者や、ＴＳＭＣ株を保有していない投資家でも、ＴＳＭＣの一挙手一投足を気にしています。

それくらい影響力がある企業なのです。

≫熊本県菊陽町が日本の半導体業界の先頭を走る

２０２１年年11月、そのＴＳＭＣが「熊本県の菊陽町に新工場を建設する」と発表しました。ＴＳＭＣに加え、ソニーグループの半導体メーカー「ソニーセミコンダクタソリューションズ（ＳＳＳ）」、トヨタグループの「デンソー」の３社の合弁で新会社Japan Advanced Semiconductor Manufacturing（ＪＡＳＭ）を設立し、新工場で半導体の受託製造を行うとしました。

また、新工場の建設計画に対して、経済産業省は最大で総額４７６０億円を助成することを決定。まさに、日本の「国策」になったわけです。熊本工場（第一工場）の事業規模を日本円に換算すると、発表時点のレートで約１兆１４４８億円。つまり、その資金の４割超を国が支援するということ。これまで聞いたことがないくらいの力の入れようです。

さらに、ＴＳＭＣの魏哲家《シーシーウェイ》ＣＥＯ（最高経営責任者）は、矢継ぎ早に第二工場の建設計画も打ち出しました。第二工場も、同じ熊本県菊陽町に建設されます。２０２５年前半に着工し、2027年中には生産を開始する計画です。政府は、この第二工場の建設にも約7300億円の助成金を拠出する方針を掲げています。TSMC側は、今回の相次ぐ工場建設に関して、日本政府からの支援を前提としているようです。

驚くべきことに、TSMCは第三工場の建設まで計画していると一部メディアが報じています。あまりのスピードの速さに驚くほかありません。

これら一連の流れによって、日本が半導体製造拠点としての地位を確立し、再び「半導体王国」として復権を遂げる将来が見えてきました。その中心には、熊本県菊陽町を始めとした「九州シリコンアイランド」があるわけです。それが夢物語でない証拠に、TSMCが進出した九州には、すでに日本の半導体企業の3分の1以上が集結し新たな拠点を設立したり、工場の設備能力の増強に動いたりしています。

これまで、TSMCは9割以上の半導体をお膝元の台湾で生産してきました。なぜ、ここにきて日本に進出したのでしょうか？

その理由として、まずエンジニアの人件費が世界でも安い水準にあること、材料メーカーや装置メーカーが揃っていること、日本政府の手厚いサポートが期待できることなどが挙げられるでしょう。しかし、私は、それ以上に「半導体の供給地」として、日本が再評価されているのだと考えています。

日本経済は、30年以上にわたって停滞を続けてきました。TSMCは、最近になって日本がその停滞から抜け出す兆しがあると察知し、日本の半導体需要が増加することを見込んで、日本進出を決めたのではないでしょうか。TSMCのような世界的企業の動きは、驚くほど大胆で迅速です。

また、彼らが進出することで、熊本県を中心に地方経済が活性化する側面も期待されています。熊本県菊陽町では、同町と周辺自治体への進出を希望する企業が相次ぎ、地価も急上昇しています。

2023年9月に国土交通省が発表した「基準地価」によると、菊陽町に隣接する大津町の「大津駅（肥後本線）」近くの商業地は、前年比で32・4％も上昇しました。この上昇率は、工業地や住宅地を含む全用途を含めても全国トップです。まさに記録的な上昇と言えるでしょう。

こうした活況に伴って、エッセンシャルワーカーの時給は上昇。菊陽町を中心とした〝半導体バブル〟という表現も散見されます。菊陽町は、半導体生産に欠かせない良質な地下水が豊富。県の地下水保全条例で、事業者に利用計画の提出、実施が義務付けられるなど、地下水の管理が徹底されている町です。車を利用すれば、阿蘇くまもと空港から約10分、九州自動車道熊本ＩＣからも約10分、福岡市へも１００分程度というアクセスの良さもあります。

菊陽町の半導体工場には、エンジニアや工場関係者など、すでに多くの人が集まっています。２０２３年12月には、ＪＲ九州が菊陽町に新駅の建設を発表しました。人口の増加に伴って、マンション建設や商店街の整備、インフラの整備など、菊陽町を中心に、九州経済には大きな恩恵がもたらされることが想像できます。

こう言うと、大袈裟に感じる人がいるかもしれませんが、私は熊本県菊陽町が「日本経済大復活の先頭を走っている」町だと本気で考えています。

参考までに東京市場で上場している銘柄で「ＴＳＭＣ関連株」とされるものの一部を紹介しておきましょう。

◆**ソニーグループ**（６７５８・東証プライム）

日本を代表するＡＶ機器メーカー。ゲームや音楽といったエンターテインメントの分野でも力を持つ企業で、金融事業も展開しています。カメラのレンズ部分から取り込んだ光を電気信号に変換する半導体「イメージセンサー」では、世界でも圧倒的なトップ企業です。ソニーグループ傘下の「ソニーセミコンダクタソリューションズ」は、ＴＳＭＣの第一工場建設費用８０００億円のうち５７０億円を出資し、日本における工場運営会社 Japan Advanced Semiconductor Manufacturing（ＪＡＳＭ）の約20％の株式を取得しました。ＴＳＭＣの日本進出の中心となる企業と言えるでしょう。

◆オルガノ（6368・東証プライム）

総合水処理エンジニアリング会社です。半導体向けの「超純水製造装置」に強みを持ち、台湾の半導体市場でも存在感があります。同じく半導体向け超純水製造装置では、野村マイクロ・サイエンス（６２５４・東証プライム）も株式市場で話題となっている企業です。

◆ジャパンマテリアル（6055・東証プライム）

半導体・液晶工場向けの特殊ガス供給装置と、特殊ガス販売・サービスを主力とした企業です。いち早くＴＳＭＣが進出した熊本県に拠点を構えていることに加え、ジャパンマテリアルの田中久男社長は、ＴＳＭＣが米アリゾナ州に建設中の工場にもガスを供給することを明らかにしています。

◆ワールドホールディングス（２４２９・東証プライム）

アウトソーシング業界の中堅企業です。製造現場向けの業務請負・人材派遣が主力で、地盤の九州から東北、関東などにも展開しています。ＴＳＭＣの工場では、生産工程のサポートや製造オペレーターといった現場作業には多くの人材が必要になりますが、同社は子会社を通じ、その人材派遣の中心を担っています。

もう止まらないインバウンド（訪日外国人）消費

インバウンド消費の規模拡大は最大級に

訪日外国人客の消費＝インバウンド消費が日本経済に大きく貢献していることはすでにご存じだと思います。

都市部にお住まいの方なら、過去には見られなかったくらい多くの外国人観光客が繁華街に押し寄せる姿を目にしていることでしょう。その規模は驚くべきものです。たとえば、都市部の飲食店に入ったところ、自分以外の客がすべて外国人だったという経験をしたことが

◆訪日外国人客数の推移

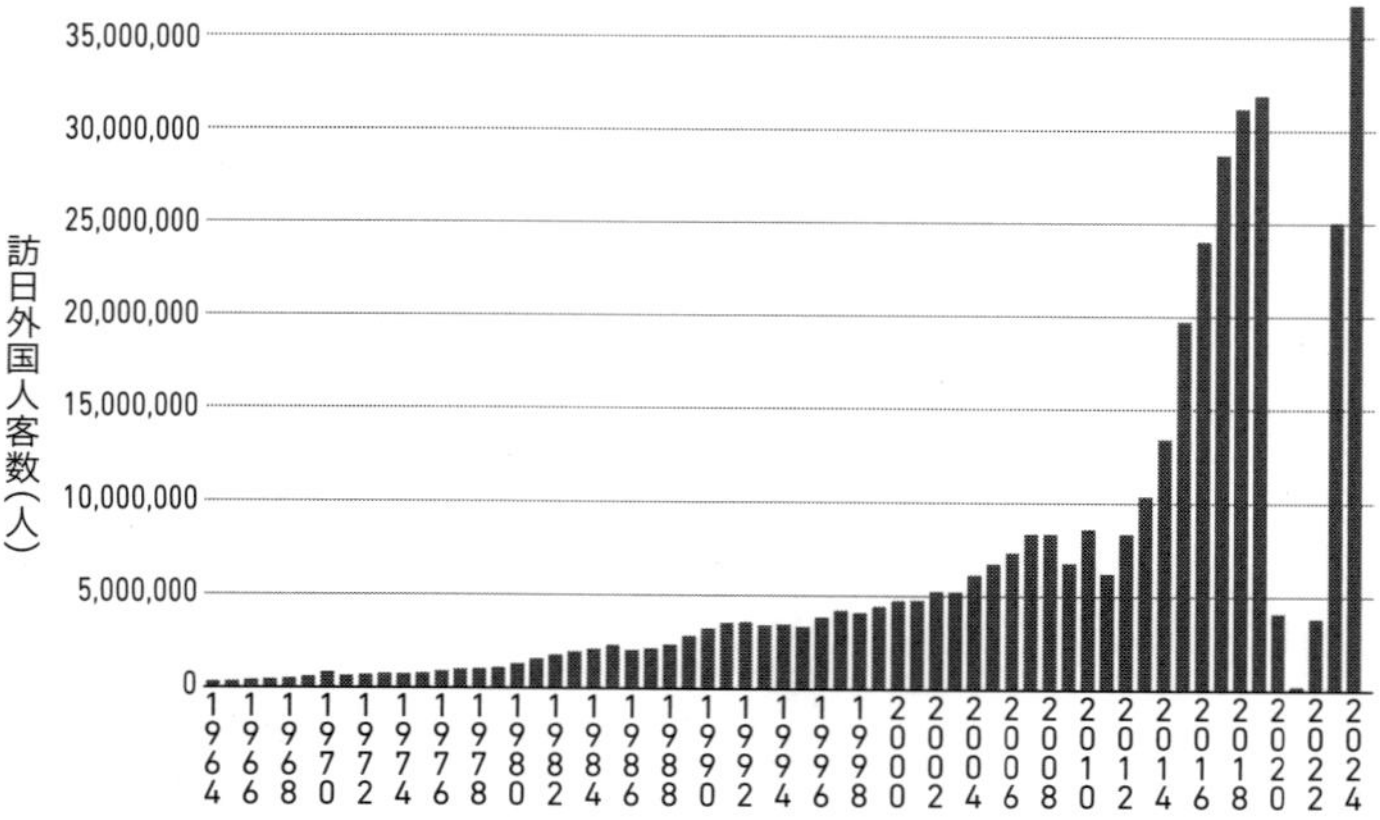

出典：日本政府観光局（JNTO）

あります。さまざまなグッズやアイテムにあふれているドン・キホーテでは物珍しそうに商品を選び、有名デパートの化粧品売り場や高級ブランド店のレジには長蛇の列、新幹線車内で、あっという間に過ぎ去る景色をスマホで撮影したりする外国人の姿が多く見られます。

　有名観光地でも同様のことが起きています。ホテルや有名旅館の宿泊料金は、おいそれとは泊まれないほど高騰しているのです。外国人観光客の財布を狙って、東京の豊洲市場にオープンした、とある飲食店の1万5000円の海鮮丼が話題になりました。日本人ならまず頼まないようなメニューですが、外国人観光客からすれば、それも思い出の一つになるのでしょう。

　日本政府観光局（JNTO）によると、202

4年の年間訪日外国人客数は、12月までの累計で、3686万9900人と過去最高を記録しています。2023年4月の「水際措置撤廃」以降、訪日外国人客数は右肩上がりで回復しています。

訪日外国人客数は2014年前後から急速に増え始め、2016年には2000万人の大台を、2018年には3000万人の大台を突破しました。2012年が840万人程度だったことを考えると、驚異的な増加率です。

ご存じのように、2020年には新型コロナによって約410万人にまで激減し、その状況は2022年まで続きましたが、前述の「水際措置撤廃」以降、コロナ前の水準に戻りました。単月では、2023年10月に初めてコロナ前の2019年10月に比べて100％を突破。年間の累計でも、2019年比で78・6％、8割程度まで回復が進みました。

この勢いが続き、2024年は過去最高となりました。2025年はさらに増える見込みです。

»「オーバーツーリズム」が懸念されるほどの活況ぶり

コロナ後の経済活動の回復に加えて、「円安」が外国人観光客を呼び込む一因になっています。2025年1月現在、ドル/円相場の水準は1ドル=155円近辺で推移していますが(一時1ドル=160円もありました)、2019年はおおむね110円前後でした。2019年の水準からは、依然として4割程度、円安に振れているわけです。これは、外国人からすると「物価が4割も安くなった」ということ。渡航費から滞在費、土産物に至るまで、すべてが割安になっています。

そうなれば、「日本にいこう!」と考える外国人が増えるのも納得がいきます。

実は、地理的に日本に近く、コロナ前は「爆買い」などで話題となった中国人の観光客については、まだ回復の途上にあります。中国では、ゼロコロナ政策によって行動制限が長引いたことや、日本への団体旅行が解禁された時とほぼ同時期、日本政府が福島第一原発の処理水の海洋放出を開始し、中国政府が激しく非難したことから、日本への渡航が自粛されました。これらが中国人観光客が十分に回復していない背景です。

つまり、「以前はインバウンド消費の主力だった中国人観光客が回復していないのに、他

◆ドル／円相場の推移

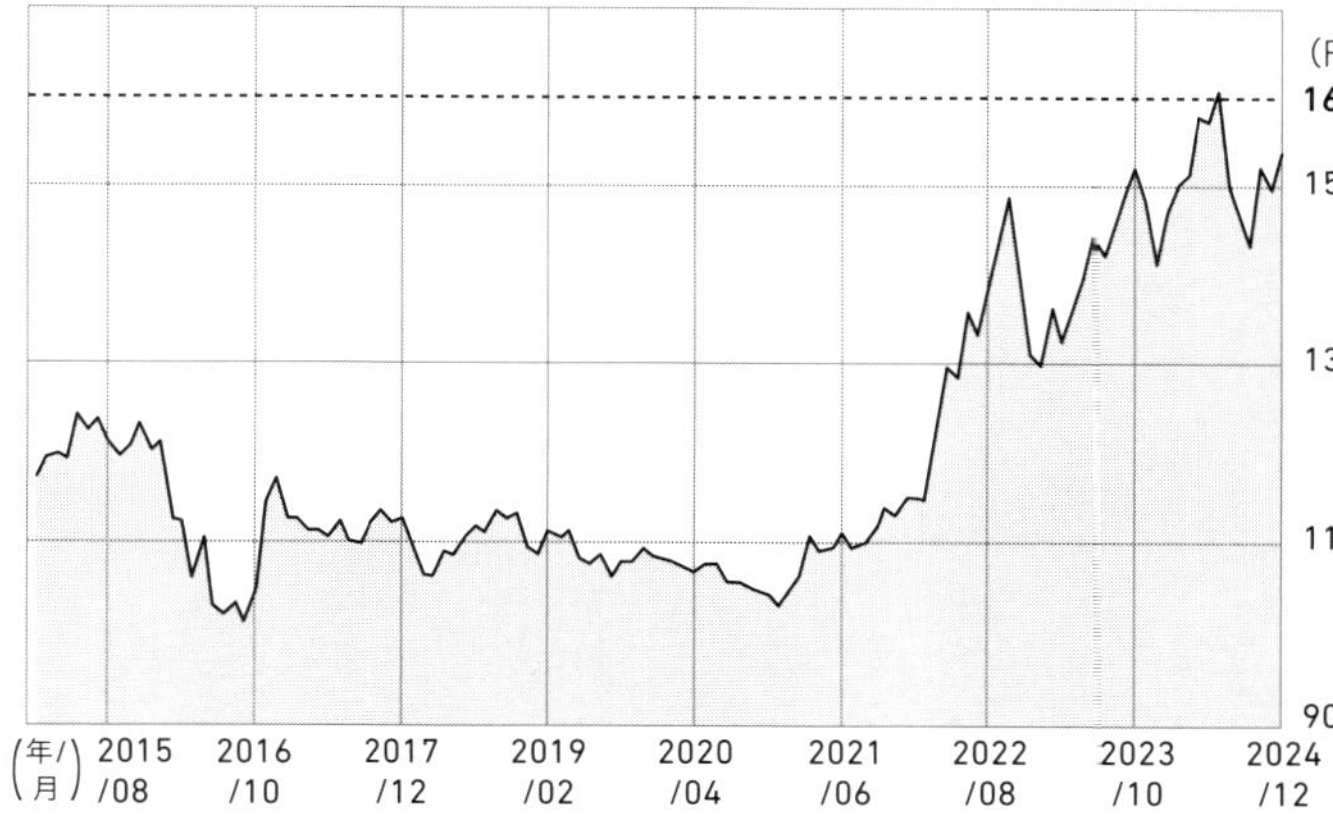

チャート提供:松井証券

の国や地域からの観光客が押し寄せている」ということです。

ただ、その後日本政府は中国人向けの査証（ビザ）発給に関する緩和措置を打ち出しています。団体旅行で取得するビザは滞在可能な日数をこれまでの15日から30日に延長するとし、65歳以上の中国人に限り、個人向けのビザで在職証明書の提出を不要にする措置も始めます。２０２５年４月13日から半年間開催される「大阪万博」への誘致や、長い旅程を組めるようになることで、訪問先の選択肢が増え、中国人観光客が地方を訪れる機会の増加を見込んだものと思われます。

一方、日本人が海外旅行をする場合、円安は不利に働きます。これまでより明らかに割高になるからです。ニューヨークでは、有名ラーメンチェーン「一蘭」のとんこつラーメンが3000円くらいすると話題になりました。

それならば、「海外旅行はやめて国内旅行に切り替えよう」と考える日本人が増えるのは当然です。つまり、観光地には訪日外国人客と日本人客がダブルで押し寄せることになるわけです。すでに、有名な観光地では「オーバーツーリズム（観光地への訪問客の著しい増加により、地域住民の生活や自然環境、景観などに対して負の影響が生じたり、観光客の満足度を著しく低下させたりするような状況）」が懸念されています。

こうして、観光関連の需要は訪日外国人客の増加を引き金に、私たちが経験したことがないレベルにまで膨れ上がる公算が大です。今後、新たなホテルが建設されたり、これまであまり外国人が訪れなかった観光地がPRされたりして、外国人客の地方への誘致が進むでしょう。観光客の分散によって、特定の観光地などの混雑は解消される見通しですが、観光市場の規模は今後も膨らみ続けるでしょう。

代表的な「インバウンド関連株」

株式投資の視点からも、インバウンド関連は大いに注目されています。以下は、訪日外国人客の増加で恩恵を受ける代表的な銘柄です。

◆オリエンタルランド（4661・東証プライム）

入園者数で世界有数の多さを誇る東京ディズニーリゾートを運営。ホテルや商業施設などを含めた「都市型リゾート」を展開しています。テーマパークの入園料を値上げしたものの、客足は衰えず、2024年3月期は2019年に記録した利益を超え、過去最高の売上、利益となる見通しです。

◆藤田観光（9722・東証プライム）

「ワシントンホテル」「ホテルグレイスリー」などのホテルチェーンが主力で、高級宴会場・ホテルの「ホテル椿山荘東京」も経営しています。箱根で展開する旅館「箱根小涌園　天悠」、温泉テーマパーク「箱根小涌園ユネッサン」といった箱根リゾートでも知られています。

◆クスリのアオキホールディングス（3549・東証プライム）

北陸最大手のドラッグストア。生鮮食品を含め、食品と調剤薬局の併設を強みとしています。ポイントは、ドラッグストアが訪日外国人が買い物をする場所としての地位を確立していること。今後、地方への誘致が増えれば、この会社にとってメリットになるでしょう。都市部のドラッグストアでは「マツモトキヨシ」などを展開する「マツキヨココカラ&カンパニー(3088・東証プライム)」に強みがあります。

株式市場にも本格的なインバウンド需要が到来!

日本株の上場投資信託(ETF)に、2024年の年初からの5週間で、4000億円を超える資金が流入しました。これは約半年ぶりの規模です。従来からETFを売買している欧米の機関投資家に加えて、今回は中国を中心としたアジアの個人投資家の買いも含まれるとされています。一部では、株式市場における「インバウンド(訪日外国人)需要」と表現されており、他の主要国の株式市場よりも日本株のパフォーマンスが良い状況が続けば続くほど、こうした資金流入は増えることが考えられます。

金融商品の調査会社である米EPFRのデータによると、外国籍の運用機関が運用している日本株のＥＴＦには、年初からの5週間で合計31億ドル（約４６００億円）が流入したとのこと。ある経済紙は「5週間の流入額としては２０２３年６～7月（33億ドル）以来の大きさ」と報じています。

中でも、米国のブラックロックが運用する、外国籍のＥＴＦとして世界最大の日本株ＥＴＦ「iシェアーズＭＳＣＩジャパン」には、同期間で7・9億ドルの資金が流入し、運用残高は1月31日時点で１５２億ドルにまで膨らんだとのことです。

海外の市場に上場する日本株ＥＴＦ全体の残高は７７７億ドル。ＥＰＦＲでデータを遡れる２００２年以降で最大となっています。

中国・上海の株式市場でも、異例の事態が起こりました。

２０２４年1月17日午前、中国・上海市にある上海証券取引所は、上場する日経平均株価に連動する上場投資信託（華夏野村日経２２５ＥＴＦ）の売買を一時停止しました。同取引所によると、投資家の売買が過熱し、ＥＴＦの基準価額（1口当たりの価格）が急上昇し、「投資家が不利益を被る可能性があった」ことを考慮しての措置だそうです。この後も、複数回にわたって同様の措置が講じられました。

最初にこの「売買停止」の一報が届いた際には、東京市場の日経平均株価はネガティブな反応を示しました。その理由は、中国のローカル投資家がこれほどまでに日本株に高い関心を持っている認識がなかったため、この売買停止の措置が「政治的な対立」から生じたとの懸念が広がったからです。

詳細がわからない情報について、株式市場は「ひとまずネガティブに反応する」ことがあります。

中国の日本株ＥＴＦの純資産残高は、まだ数百億円規模。規模は小さいものの、このニュースは中国マネーが日本株への影響力を高める可能性を感じさせるものです。

当然、いまは株式市場にとって好材料と認識されるようになっています。

国内の消費や観光市場の拡大要因としての「インバウンド消費」に加え、日本の株式市場において、海外の投資家が日本株を買う「インバウンド需要」も、株価を押し上げる要因として注目されるようになっているのです。

日銀の低金利政策はバブルを発生させる

ついに終わりを迎えた日銀の金融緩和政策

2024年3月19日、日銀は2016年から続けてきた「マイナス金利政策」の解除を決定しました。日銀が利上げに踏み切ったのは2007年2月以来、約17年ぶりのことです。

これまで、日銀が金融政策を微調整したり、変更したりすると、株式市場には一時的にネガティブな空気が流れました。日銀は年に8回、「金融政策決定会合」を開き、金融政策について精査を行っていますが、2013年4月からスタートした大規模な金融緩和政策（正式名称は「量的・質的金融緩和」）が終わることを恐れた株式投資家が多かったからです。
中でも、個人投資家はその傾向が強かったように思います。

「量的・質的金融緩和」などと漢字を並べられると難しさを感じてしまうかもしれませんが、「金融緩和」とは、世の中に出回るお金の量を増やして、個人や企業がお金を借りたり、設備などへの投資をしやすくしたりすることです。そのために、日銀は銀行が保有する国債を買い取ったり、金利を下げて資金調達をしやすくしたりしてきました。

もう日本経済に「つっかい棒」はいらない

そもそも、これまで行われてきた大規模な金融緩和は、何を目的とした金融政策だったのでしょうか。それは、「デフレ経済からの脱却」です。日銀が金融緩和によって金利を低く抑え、市場にお金をばら撒くことで、積極的に日本経済を下支えする。そして「デフレ」という30年間も続いた状況から抜け出し、大きな目標に向かっていくという意図で行われてきました。

経済環境が好転すると、当然のように金利は上昇します。日銀は、金利の上昇を抑えるために「金利操作」を行ってきました。金利が上昇すると、個人や企業がお金を借りにくくなるため、日銀は意図的に金利上昇を抑え込む政策を取ってきたわけです。

前述の通り、日銀は２０２４年3月19日にマイナス金利を解除するのに合わせて、その「金利操作」もストップしました。先ほど述べたように、投資家は金融政策の変更を嫌う傾向があります。それは、「金利を低く抑え、市場にお金をばら撒くことを止めてしまうと、株式相場にとってマイナスだ！」という考えが投資家に根付いているからです。

ところが、２０２４年3月19日の利上げ後に関しては、様子が違いました。翌20日の日経平均株価は、前日比５６８円の上昇となったのです。21日も上昇は続き、日経平均株価は史上最高値を更新しています。

日銀による大規模な金融緩和は、日本経済を背後から支える「つっかい棒」だったと考えてください。経済が倒れないように支えていたのです。そしていま、日銀はそのつっかい棒を外しました。

「もうつっかい棒は必要ない」

「補助なしでも歩んでいける」

と見通しているのでしょう。

もし、この日銀の見方が間違っているとすると、株価は下落していたはずです。実際は下がるどころか、かなりの上昇となりました。投資家もこの日銀の見方を受け入れ、好感したということです。

令和のブラックマンデーは日本株の「バーゲンセール」

ところが、2024年8月初旬、衝撃的な出来事が株式市場を襲います。それが、「令和のブラックマンデー」と言われる株価の暴落です。

8月2日金曜日、日経平均株価は前日比5・81％安、値幅にすると2216円63銭の急落に見舞われました。さらに週明け5日の月曜日、前週末より12・40％も値を下げ、4451円28銭安の下落となりました。2日間を合わせると、6600円を超える、まさに「暴落」です。

株式市場では、「こんな下げは見たことがない」「いったいどうなってしまうのか」といった悲観的な声が飛び交いました。新NISAで株式投資を始めたばかりの投資家にとって、この暴落は衝撃的だったでしょう。この下落には、30年以上も株式相場をウォッチし続けてきた私も驚くほかありませんでした。

1987年10月19日の月曜日、米国のニューヨーク株式市場では、ダウ平均株価がわずか1日で22・6％も大暴落しました。これが、昭和の時代に起きた〝元祖〟ブラックマンデー。今回の暴落は、当時の暴落を思い起こさせるものだったことに加え、下落幅が大きかったのが月曜日だったこともあり、これから先、相場史を振り返る時に「令和のブラックマンデー」として取り上げられることでしょう。

もっとも、この2日間の暴落直後、6日の日経平均株価は3000円以上も急反発します。5日は「史上最大の下げ幅」だったのに対して、6日は「史上最大の上げ幅」となりました。

先ほど、「30年以上も株式相場をウォッチし続けてきた私も驚くほかありませんでした」と書きましたが、それ以上に、6日の日本株の反発力には驚かされました。そして、「この暴落局面は、今後想定される『低金利バブル』のバーゲンセールになるのではないか」と考えたのです。

株価暴落は投機筋のしわざ

そう考える理由をこれからお話しします。

実は、この令和のブラックマンデーが発生する2日前の7月31日に開かれた日銀の金融政策決定会合で、3月に行った利上げに続いて、0・25％への引き上げが決められたのです。

この利上げが行われる前、日本の株式相場は7月11日に史上最高値である4万2224円02銭（終値）を付けた後は、軟調に推移していました。2024年に入ってから、日本の株式相場は半導体関連株の好調に支えられてきましたが、日本のお家芸である「半導体製造装置」の対中国への輸出を米国が規制するという懸念が高まったことで、半導体関連株が売られたのです。その結果、半導体関連株の影響が大きい日経平均株価も下落しました。

そうした状況の中、日銀が追加の利上げを行ったことに対して、投機筋が食い付きます。これまで、金融市場では、超低金利の「日本円」で資金を調達し、それで得た資金を株や為替などの金融商品に投資をする「円キャリートレード」という取引が盛んに行われてきました。

しかし、日銀が3月に引き続き8月にも追加の利上げに踏み込んだため、そのキャリートレードを解消する動き（＝巻き戻し）が加速しました。投資していた金融商品を売って、日本円で借りていた資金の返済に充てる動きです。

この一連の流れについて、一部で「追加の利上げを行っただけではなく、今後も継続して利上げを行う可能性を示唆したから、令和のブラックマンデーが起きた」などという声が聞かれました。しかし、植田日銀総裁は「これからも経済環境の変化によって金融政策を調整していかなければならない」という、あくまで一般論的なことを話しただけであって、「これからもどんどん利上げをしていく」などと宣言したわけではありません。

投機筋を中心にそのような曲解が広がったことで、「令和のブラックマンデー」が起こったのでしょう。

日銀の金融政策が「低金利バブル」を生み出す

利上げをきっかけに市場がパニックに陥り、「令和のブラックマンデー」が起きたことは事実です。しかし、私はこの前後で、相場の流れが大きく変わったとは考えていません。植田日銀総裁も、この利上げが失敗だったとは考えていないはずです。

もっとも、「日銀が令和のブラックマンデーの引き金を引いた」という認識が金融市場に広がったことで、積極的な利上げには踏み切りづらくなったのは確かです。本来、政治と金融政策はそれぞれ独立している必要がありますが、これから日銀が利上げに踏み切ろうとすると、政府からは「(再び株価が暴落すると困るので)急な追加利上げはしてくれるな」という声が水面下で上がるでしょう。

植田総裁が金融政策のかじ取りにおいて政府の声を勘案して判断を下す必要はありませんが、それでも急な追加の利上げには踏み切れなくなることが予想されます。「金輪際、利上げをしなくなる」という話ではありませんが、少なくとも植田総裁の任期中は、大幅な追加利上げに打って出にくい状況が続くのではないでしょうか。あったとしても小刻みな利上げになるでしょう。

その結果、何が起こるのか。

私は、「低金利バブル」が発生することになると考えています。

日経平均株価は低金利バブルで7万円に向かう

今後、日本株はコロナ禍とデフレから抜け出し、インフレという新しい時代を迎えるでしょう。半導体やインバウンド需要の拡大によって、企業の設備投資はますます増えていくでしょう。ところが、日銀は景気の過熱を抑えるための手段(=利上げ)に積極的にはなれません。その結果、「バブルっぽいもの」、あるいは「ほぼバブル」が発生するのです。

米国は、物価高や労働市場の過熱を抑えるための利上げ政策から、利下げのサイクルに移行しつつあります。これによって、日米の金利差は徐々に縮小していくことになるでしょう。ただ、日本の金利が上昇しないとなれば、以前ほどの水準ではないにせよ、「円キャリートレード」が復活する可能性は否定できません。それは株高につながり、ついには「バブルっぽいもの」が発生する要因の一つになります。

バブルと言っても、１９９０年代と比べると銀行融資の基準が厳しくなっているため、当時のような無軌道な銀行融資の上に成り立った砂上の楼閣的なバブルではなく、ある程度、実体を伴ったものになるでしょう。

ちなみに１９８７年の「昭和のブラックマンデー」では、株式相場は一時的に大きく値下げましたが、その後再び上昇に転じました。そして、ブラックマンデーからおよそ2年後の１９８９年12月29日に、当時の最高値３万８９１５円87銭を記録します。

「昭和のブラックマンデー」は、結果的に最高値に向けた「ラストバーゲンセール」になりました。「令和のブラックマンデー」も、日経平均株価が今後さらなる高値に向かう過程で発生した、最後のバーゲンセールのタイミングになるのではないかと見ています。

支持率低迷でも自公政権は続く

≫この先も自民党を中心とする政権

２０２４年9月27日、岸田文雄氏に次ぐ、自民党総裁を決める自民党総裁選が開かれ、石破茂氏が次期総裁に選出されました。岸田内閣の支持率は、就任直後こそＮＨＫの世論調査で60％に近い数字を記録したものの、その後はズルズルと下落。２０２３年の終わりに20％台に落ち込むと、その後も低迷が続き、岸田政権は限界だったかもしれません。岸田氏もそれを認識し、総裁選への出馬を見送ったのです。

◆ **NHK世論調査「政党支持率」(2024年12月)**

与党	自民党	28.7%
	公明党	2.5%
野党	立憲民主党	8.7%
	日本維新の会	3.4%
	国民民主党	7.9%
	共産党2.7%　れいわ新選組1.6%　社民党0.9%	
その他	特に支持している政党なし	35.6%

そして誕生したのが石破茂総裁です。石破氏は首相に就任した直後、２０２４年10月27日に衆院選に打って出ました。しかし、結果は自民党の歴史的大敗に終わっています。自民・公明の与党は合わせて２１５議席しか獲得できず、衆院過半数の２３３議席を大幅に下回りました。岸田政権時からくすぶっていた自民党派閥のパーティによる資金集めに端を発するいわゆる「裏金問題」に有権者が厳しい判断を下しました。与党が衆院選で過半数を割り込むのは２００９年以来のことです。少数与党による政権維持は難しいように思えました。

しかし、過半数を持つ「野党」が連立して政権を組むことはありませんでした。選挙前に7議席しかなかった国民民主党が「国民の手取りを増やす」として減税策を訴えて28議席を獲得し、さらに政策実現のために自公与党に部分的な協力をする姿勢を示したからです。国民民主党の28議席を加えると、衆院過半数を超えることから国民民主党は一躍キャスティングボードを握る政党になりました。同党の躍進の背景にはSNSを通じて政策に共感した若い有権者の支持があったとされています。

なんと自民党は、少数与党でありながら政権を維持できる見通しです。もちろん国民民主党との協議次第では、再び政局が混乱する可能性があり、急に党勢を回復できるかどうかは未知数ですが、国民民主党の政策の一部を取り入れ、実現の方向に進めることで石破政権は延命することになります。

少数与党で、内閣支持率も高くない中で政権が維持できるというのは、過去に見たことがないものです。

国民民主党と日本維新の会はかねてより、与党と野党の間にいる「ゆ党」と表現されてきました。与党を批判するだけでなく、政策ごとに是々非々の態度を示す政党とされています。2党がそのスタンスを変えないのであれば、自公与党が政策を呑むことによって、政権は安泰と言えなくもありません。国民民主党との関係が破綻しても、次にまだ日本維新の会との協力を模索する手があるのです。

仮に少しの時間を経て自民党が議席を回復した場合でも、すぐに協力体制が変わるものではないでしょう。危なっかしい政権運営に見えるものの、その実、安泰と見ることもできます。
どういう格好であっても自民党を中心とする政権は続くでしょう。

≫政治の現状変更は望まれていない

「そんな状況でいいのか、日本!?」と思われる方が少なくないことでしょう。確かに、将来の日本を考えると嘆かわしいことではあります。しかし、選挙結果に大きな変化がないのであれば、外国人投資家は「日本の政治は安定している」という評価に傾きます。そして、それは株価に追い風となります。

たとえば、安倍晋三元首相の第二次政権下（２０１２年12月26日〜２０２０年9月16日）では、アベノミクス、黒田日銀総裁（当時）による大規模な金融緩和が追い風となり、日経平均株価は９０００円台半ばから２万４４４８円まで、２・５倍以上に上昇しました。これには、政権が安定していたことが小さくないはずです。

有権者で自民党に投票する人ですら、積極的に自民党を支持しているかどうかは疑問です。しかし、「大きな現状変更は望まない」という考えを持っていれば、たとえ消極的な判断だとしても、特に高齢の有権者の多くは、自民党候補や自民党に1票を投じることになるのではないでしょうか。過去において「非自民党政権」がうまくいかなかったことに対するトラウマもあると思われます。

内閣支持率が低空飛行を続けている中でも、自民党内部でいわゆる「石破降ろし」の動きは見られていません。

株式市場では、「基盤がしっかりとしている長期政権が株価上昇には望ましい」とされています。少数与党であっても自民党政権が継続するとなれば、この側面からも株価には追い風となります。

石破茂首相は、「金融所得課税の強化」や「法人税率の引き上げ」などを唱えていたことがありました。石破氏が自民党の総裁に決定した瞬間、株式市場で嫌気され、大きく下げる局面もありましたが、その後の回復も早いものとなっています。

長い目で見れば、日経平均株価が長期的に上昇するというシナリオに大きな変更はありません。もし、一時的に株式相場が下落したとしても、長期的な視点ではバーゲンセールのタイミングになるはずです。日経平均はいずれ7万円に到達するものと見ています。

新NISAで日本人が日本株を買い始めた

新NISAの始動と同時に日経平均株価は急上昇

2024年1月から「新NISA」が始動しました。

従来のNISA制度が拡大し、成長投資枠（年間240万円）とつみたて投資枠（年間120万円）で株式や投資信託を買うと、売却時に出た利益に対して税金がかからなくなりました。投資額の上限は、両枠の合計で1800万円です。

利益に対してかかる税金が優遇される制度なので、利益が出なければ意味をなさないものですが、なんと！　２０２４年からこの新ＮＩＳＡ枠を活用して投資をしている投資家の多くには、利益（含み益）が出ていると思われます。

新ＮＩＳＡ制度は、岸田前内閣が２０２２年11月に策定した「資産所得倍増プラン」の核となる政策の一つとして発案されました。「２０２７年までに投資経験者の倍増（ＮＩＳＡの総口座数を３４００万口座へと増大させること）」と、「投資金額の倍増（ＮＩＳＡ買付額を56兆円へ増大させる）」を目標としています。我が国に眠る現金・預金を投資へと呼び込むことで、岸田前政権のもう一つの政策の核だった「賃金アップ」に加えて、資産の運用による所得の増大を図ろうというものです。

わかりやすく言うと、これまで株式投資などに消極的だった国民に対して、税制の優遇を行うことで、株式市場に目を向けてもらおうということでしょう。株価の上昇は、その国の経済が活況となり、お金が回り始めることでなし得ることです。その呼び水として投資をしてもらいたい、利益を出してもらいたいというものでしょう。

もともと、日本の家計における株式や投資信託など金融商品の割合は、欧米などに比べるとかなり低い水準にとどまっています。１９９１年の不動産バブル崩壊以降、日本はデフレ経済に陥っていました。デフレとは、物価が下がることです。物価が下がれば、現金や預金の価値は上がります。ある商品の値段が1000円から500円に下がれば、現金の価値が2倍になったことと同じです。このようなデフレ経済下では、タンス預金をしたままでも特に問題がなかったと見ることができます。

ところが、現在、コロナ禍による流通網の混乱や戦争など地政学的リスク、円安などさまざまな要因によって、日本の物価も明らかに上昇に転じています。「インフレ時代の到来」です。

インフレ局面では、物価が上昇する＝現金価値低下となります。資産価値の減少を避けるためには、インフレとともに価値が上がる投資で成果を上げていくことになります。

岸田前首相がインフレ時代の到来を予見し、NISA制度を拡充したのかどうかは定かではありませんが、日本人の資産を現金から株式や投資信託に振り向ける策としては、絶妙のタイミングで始動したと言えるでしょう。

現在のように、2024年スタートの新NISAを活用した〝先行組〟が、株価の値上がりによっていまも含み益を抱えていること、そのホクホク度合いを勘案すれば、さらに多くの人が、日経平均株価の上昇に伴い新NISAを通じて株式や投資信託に資金を流入させることになるでしょう。仮にその多くが外国株の投資信託に流れたとしても、やはりそれで含み益が増えるのであれば、日本株に資金を振り分ける投資家も増えてくるでしょう。

実際、2024年初頭に3万3000円程度だった日経平均株価は、7月に4万2224円02銭（終値）の史上最高値更新となったのです。この背景の一つに、新NISAによる日本株買いがあることは確かです。

この制度の拡充がなければ、こうはならなかったでしょう。「これまで日本株に見向きもしなかった日本人が、日本株を買い始める」。これは、平成バブルが崩壊して以降、見られなかったことです。それが、いま実際に目の前で起きているのです。

新NISA投資家の購入銘柄から見えてくること

個人投資家の利用者が多いネット証券最大手のSBI証券の2024年1月22日〜1月26日の新NISAによる取引ランキング（買付金額ベース）のトップ10は以下の銘柄です。

1. JT（日本たばこ産業）
2. NTT（日本電信電話）

3. 三菱ＵＦＪフィナンシャル・グループ
4. アステラス製薬
5. 三菱商事
6. トヨタ自動車
7. ソシオネクスト
8. 三井住友フィナンシャルグループ
9. ニデック（旧社名・日本電算）
10. 武田薬品工業

新ＮＩＳＡ投資家恐るべし！といったところです。というのも、パッと社名を見ただけで、日本人なら誰でも知っているような有名企業がズラリと並んでいるからです。

ＪＴやＮＴＴ、さらにメガバンクの三菱ＵＦＪフィナンシャル・グループ、三井住友フィナンシャルグループは「高配当株」として知られています。業容拡大中の総合商社、三菱商事も高配当株です。ランキングでは、こうした株を長期で保有しながら、配当金を受け続けたいという思惑が見えます。

アステラス製薬やトヨタ自動車、武田薬品工業は、企業の堅実性が評価されたのでしょう。医薬品株は、株式市場で話題となり株価が急上昇するような銘柄群ではありませんが、いざ株を保有しようとなった時に、その堅実性や優良性が評価されたのだと思われます。

ソシオネクストは、先端半導体のメーカーです。半導体市場拡大を追い風として、今後も業績が拡大することが見込まれたと考えられます。実は、半導体関連企業としては半導体製造装置大手の東京エレクトロンやレーザーテックのほうが人気株ですが、東京エレクトロンを購入するには、最低でも250万円前後、レーザーテックは同様に150万円前後が必要です。年間240万円を上限とする新NISAの成長投資枠になんとか収まるものの高額には違いありません。とはいえ、「半導体市場は今後も成長が期待できるから、半導体関連の主力に投資したい……」と考えた投資家の資金が、1単位26万円前後で買え、新NISAの成長投資枠に十分収まるソシオネクストに向かったと想像できます。

残るニデックは、精密小型モーターの世界的企業です。しかし、近年はトップ人事の混乱でガバナンス（企業統治）に問題があるとされ、主に外国人投資家から敬遠されたため、株価が低迷しています。おそらく、これらの問題が解決することで、株価も戻ると考えられたのでしょう。

つまり、このランキング上位の銘柄からは、個人投資家が、

高配当、優良性、先端技術、株価の位置

に注目していることが透けて見えます。およそ、プロ投資家顔負けの視点と言えるのではないでしょうか。

投資家の数が増えれば、日本の個人投資家のレベルは一段と上がっていくはずです。そうなれば、「良い企業を高く評価する」という株式市場の役割が正常に機能し、さらなる資金の流入を伴うことが期待されます。これが日経平均株価の下支え要因になることは明らかです。

長期投資家が増えれば株価急上昇の可能性も高まる

さらに注目したいのは、新ＮＩＳＡを通じて流入した資金は、短期的な売買を前提としていないこと。新ＮＩＳＡでは、一度保有株を売却しても定められた金額の投資枠復活はでき

ます。ただ、それは翌年になってからのことです。そうなると、「新ＮＩＳＡの制度を活用する人が増える＝株を買ってもなかなか売らない投資家が増える」ことになり、日本の株式市場の需給（売りと買いのバランス）にも良い影響を与えるでしょう。

この環境は、買いが少しでも優勢になれば、株価が跳ね上がることにつながる可能性があります。長期間保有する投資家が増えることで、市場に出回る株が減るためです。モノの値段が需給バランスで決まることは周知の通りですが、株の値段＝株価についても同じことが言えます。市場に出回る株が減れば（株式市場では、「需給がタイトになる」などと表現されます）、それだけ株価の上昇が期待できるのです。

少ないモノを多くの人が奪い合うことになれば、価格が跳ね上がるのは当然でしょう。

日経平均株価は〝まず〟5万円に向かう

日本株はこれから「30年の遅れ」を取り戻す

日経平均株価の史上最高値は、2024年7月11日に付けた4万2224円02銭（終値）です。決して上回ることはないと思われたバブル期真っただ中の1989年12月29日に付けた3万8915円87銭（終値）を大きく上回りました。

ここで改めて認識することがあります。

それは、バブル崩壊後「日本の株式市場は、日本経済の低迷によって長く見放されてきた」ということです。日本人が自国の経済に対する信頼をなくし、株式市場に目を向けることはなくなりました。一時的に株価が反発しても、「どうせまた下がるだろう」などと考え、せっせと貯金に精を出す――1990年代から、「日本はダメだ」という意識が完全に根付いてしまったのです。

ところが、いまその意識が以下の出来事によって、大きく変わろうとしています。

・コロナ禍が反発のきっかけになったこと
・半導体市場の拡大が日本の半導体関連企業に恩恵となり、株式市場のけん引役となっていること
・いち早く海外勢が日本の変化に気付いたこと
・円安がインバウンド消費の拡大につながり、内需が拡大していること
・日本経済を下支えしていた大規模な金融緩和が必要ではなくなっていること
・新NISAによって、日本人が日本株を買い始めたこと

これらはすべて株価の上昇につながる事象であり、実際に株価は上昇しています。

株価は日本経済の大転換を織り込む動きになる

もう一つ、認識しなければならないことがあります。2023年から兆候が見え始め、2024年に本格化したことです。

それは、「賃金の目立った上昇」。大企業が続々と「賃上げ」に動いているニュースを、すでに多くの方が目にされているはずです。賃上げは、物価の上昇によってもたらされました。これも、やはり過去30年間にはなかった動きです。

日本の物価は上昇せず、賃金も上昇しない。長い間、このように考えられてきましたが、ついにその長く暗いトンネルを抜け出す気配が見えてきました。これについては、その理由を究明することに執着する必要はありません。事実としてそうなっていることを認識し、評価することが重要です。

日本経済は近いうちに、デフレから抜け出すでしょう。経済活動が停滞し、物価が上昇しないことで賃金も上昇しない、悪夢のような循環に終止符が打たれるのです。日本政府は、足元の明確な物価上昇を目の前にしても、まだ「デフレ脱却宣言」をしていません。賃金の上昇が物価の上昇に追い付いていないことが、その主な理由です。しかし、昨今の状況を踏まえると、そう遠くないうちに、デフレ脱却宣言に踏み切るでしょう。政府が「デフレ経済の悪循環は終わりました！　これからは、インフレの時代です！」と声高らかに宣言するわけです。

株価は、常に実体経済を先取りして動きます。

２０２３年春頃からの株価の上昇は、こうした日本経済の大転換を織り込む動きです。また、今後のインフレ経済を見越した動きになるでしょう（すでにそうなり始めています）。

買えば儲かる、儲かるから買う

日本経済が長いトンネルを抜け出したことを察知した株式市場の動きは、まだ始まったばかりです。これまで株価の上昇と言えば、米国を中心とする海外市場の上昇に連動するものでした。驚いたことに、米国の主要な株価指数であるＳ＆Ｐ５００指数は、この30年間で十数倍になっています。

今後は、日本が主導する形で、日本の株式市場は30年の遅れを取り戻していくと考えています。日経平均の史上最高値4万2224円02銭（終値）は通過点です。
勢いがついた株式市場には、次から次へと資金が流れ込んできます。そして資金はグルグルと回転し、上値《うわね》で買われ、過去には想定さえできなかった水準にまで上昇することになるでしょう。

「買えば儲かる、儲かるから買う」

日本の株式市場では、このような雰囲気も醸成されつつあります。新NISAの制度拡大によって株式投資を始めたという人も、含み益を抱えて大喜びしています。そして、新NISAの上限枠を超えて、新たな投資へと動く人も出てくることが見込まれます。

株式市場がこの先も上がるだろうという意識、「先高感」がある中では、どの投資家も簡単に持っている株を手放すことはありません。株式市場は「売りが少なく、買いが多い」状況が続きます。株価の変動が大きくなり、特に上昇時に大きな値幅を見せるようになります。

なぜそんなことが予想できるのかと考える人がいるかもしれません。

答えは簡単です。2024年初頭からの日経平均の動きが、まさにそれを示していたからです。暴落からの急回復を経てさらにその様子が明らかとなっています。

ともすれば「日経平均10万円」もあり得る

現在の株式相場の状況を見ていると、日経平均は1～2年、遅くとも5年以内には5万～7万円に到達するイメージが浮かびます。私は多分、日本で一番早く２０１６年に「日経平均3万円回復」を公の場で予想しましたが、その時点でも日経平均が5万～7万円はイメージできませんでした。

しかし、２０２０年以降のコロナ禍の中で日経平均が出直り、予想通り3万円に到達したことと、その様子を見て私はバブル崩壊後の史上最高値の更新、さらにそれ以上を想定するようになり、私が発行するメールマガジンなどで、その可能性について言及していました（「株価が上がってきたから言い始めた」わけではないということです）。

日経平均が10万円になったからといって、驚くことはありません。繰り返しますが、米国の主要な株価指数Ｓ＆Ｐ５００指数は、この30年間で十数倍になりました。日経平均10万円と言っても、現在の水準からは約3倍にも満たず、コロナ禍以前の水準だった2万円台前半の4倍程度でしかありません。

「不穏なこと」を理解することで儲ける

本書は「株」と「金（ゴールド）」の価格上昇を見込んで、書いています。実は、まだ株と金に関する「重要事項」を述べていません。次章でじっくりと話をしますが……その重要事項とは「地政学的リスク」です。

地政学的リスクとは、特定の地域で発生した政治的、軍事的、あるいは社会的な緊張が、その地域や関連する地域の経済、ひいては世界経済全体の先行きを不透明にするリスクのことを指します。そして、その地政学的リスクが高まる時、株価や金価格には大きな変動が見られます。

周りを見渡せば、世界は「不穏なことだらけ」ではないでしょうか？

ロシア・ウクライナ戦争はその筆頭でしょう。中東でもイスラエルとイスラム勢力（後ろ盾はイラン）の戦闘が激化しています。

中国は軍事力を背景に海洋進出を続け、それが周辺各国との摩擦の原因になっていますし、自国では底打ちは見られるものの経済の本格回復には至っていません。

これらすべてが、「不穏なこと」です。

この「不穏なこと」はなぜ起こっているのでしょうか？

通常、地政学的リスクは株価下落につながり、金価格の上昇につながるとされますが、実はここまで、そのような動きにはなっていません。株価も金価格も、どちらも上昇しています。

このような動きも、現状を俯瞰し、先行きを見極めることで理解できます。そして、これらを理解することで、株と金への投資によって現実的な利益を得ることができるのです。

第二章 >>>

金は
不穏な動きが
大好き

金（ゴールド）と株の同時高が成立する時

中国人による金買い

一般的に、「金」は株式と〝逆相関〟にあると考えられています。

逆相関とは、金価格が上がれば株価が下がり、反対に株価が上がれば金価格が下がる傾向が見られるということです。

金価格と株価がこうした関係であるのには、きちんとした理由があります。「株価」は、経済環境が良好であり、企業業績が拡大することによって上昇します。これに対して、金は経済環境が悪化し、株価や通貨に不安が生じた時、株や通貨の代替として投資されるものとされています。金は世界中で同一の価値を持っていて、世界のどこでも換金できるというのがその理由です。

はじめにでも述べた通り、株や通貨のマネーマーケットに不安が生じた時に金価格が上昇するのが常です。具体的には、経済危機が起きたり、戦争・紛争の発生、いわゆる「地政学的リスク」が意識されたりすると、価格が上昇します。

ロシア・ウクライナ戦争、イスラエルとパレスチナのハマスやヨルダンのヒズボラなどイスラム組織、後ろ盾とされるイランとの交戦、また軍事力を増した中国による南シナ海、東シナ海への海洋進出、すでに終了したものの米国の大統領選挙もそれに加わります。米国の世論の分断が急に修正に向かうとは思えないため、分断がより深まれば、たちまち「地政学的リスク」になるでしょう。

こうした状況下にあって金価格が高い水準にあるのは、当然と言えるかもしれません。

さらに、ここにきて「中国人による金（現物）買い」も話題になっています。中国はゼロコロナ政策によって景気が急減速しました。中でも、主に当局の規制によって不動産市況が急激に悪化。株価も大きく値下がりしました。預金金利も低く、一般市民の将来への不安が高まっています。そのため、「安全資産」として金に目が向けられたわけです。これまでの「経済の高成長→不動産や株への投資による資産拡大」という流れが打ち消され、資産防衛に中国人が走り出しています。単に、「中国人は昔から（宝飾品として）ゴールドが好き」というだけではないのです。中国人の将来不安は、金価格の下支え要因となるでしょう。

そして、それに乗っかって利益を上げようとする「投機筋」は世界の至るところに存在しています。

投機マネーは、常に利益を求めて動きます。投機マネーにとっての関心事は、「投資対象にどのような価値があるか」ではなく、「短期間でどれだけの利益が得られるか」です。価格が大きく動いているマーケットには、常に投機マネーが流入していると考えていいでしょう。中でも、利回りのいい投機対象に巨額のマネーが投下されることになります。投機マネーは、常に利益を追い求めることを宿命付けられているのです。

現在は、世界情勢の不確実性が高まっているうえ、中国人が将来に不安を感じて金を買っています。この動きに、投機マネーが乗っからないわけがありません。

株式市場には〝究極の下支え〟が存在する

教科書的に見れば、金価格が上がっているわけですから、株価は下がるはずです。ところが、株価は日米ともに高い水準にあります。こんな「不穏な時」に、なぜ株価が上がっているのでしょうか？　その理由として、再び「コロナ禍」での出来事が浮上してきます。

新型コロナの世界的な感染拡大は、まず金融市場において流動性を枯渇させました。まさに売り一色だったわけです。ともすれば、世界恐慌に突入する可能性さえありました。コロナへの不安が完全に消えたわけではありませんが、金融市場の混乱は短期間で収まりました。

それは、世界の主要国が以下のような迅速な措置を取ったからです。

・財政出動（補助金や給付金など）
・中央銀行による大規模な金融緩和（金融市場への流動性を供給）

この施策については「大成功」だったと言っていいでしょう。

ここなのです……！

株や債券、為替といった金融市場にお金を投じている投資家はみな、

「これから先、何か起きても、同じことが行われる」

と考えているのです。たとえ再び新型コロナによる感染が拡大したり、ほかに新たな感染症が出現したり、ロシア・ウクライナ戦争が第三次世界大戦に発展したりしても、です。

こうした事態が発生すれば、短期間の混乱はあるかもしれません。しかし、結局は各国の財政出動や金融緩和によって、金融市場は耐えることができると踏んでいるのです。

主要国の財政出動はわかりやすく言うと、大量のお金を刷って社会に投入することです。それによって、やや強めのインフレが発生することになっても、社会や経済が大混乱にさえ陥らなければ、株価には追い風となると見ているのでしょう。

実際、コロナ禍の米国政府とＦＲＢ（連邦準備制度理事会＝米国の中央銀行）の動き、コロナ後の米国経済の動きは、まさにその通りになっています。それだけでなく、日本経済と日本株まで蘇ってきているのです。

不安材料を国家が押し込める姿勢を取るなら、恐れることはありません。そして投資家たちは、いかに良い部分に目を向けていくべきかを考え始めます。その結果、株価が上昇することになるのです。

「不穏な動き」が消えたわけではないのに、株価は上昇している——。これで、金価格と株価が同時に上昇している構図がおわかりいただけたでしょう。

その意味では、今後「地政学的リスク」による緊張がさらに高まった場合、「株価を短期間で調整（下落する）＝株が安値で買える」タイミングとなる可能性がある一方で、金価格の一段高につながることになるでしょう。

この大局的な動きを、常に意識しておくべきです。

ロシア・ウクライナ戦争は10年戦争となる公算大

金価格の支援材料、株価の悪材料

ここでは、地政学的リスク、中でも最大のことと言える「ロシア・ウクライナ戦争」について、〝投資家的な視点で〟見ていきます。私は政治や軍事についての事情や話題に関心を持っていますが、防衛や軍事の専門家ではありません。しかし、投資家の視点で物事を考えることはできます。実は、これが投資家にとって最も重要なのです。

ロシア・ウクライナ戦争は、人々にある恐ろしいリスクを再認識させました。それは、

「ある時、急に相当な軍事力を持つ国が侵略してくるかもしれない」ということです。日本政府は2022年末、2023年度から5年間にわたる防衛費を従来の計画から1・6倍に増やし、総額で43兆円程度にすることを決めました。これは、日本が侵略されることに対して危機感を抱いたからにほかなりません。

ロシア・ウクライナ戦争は、ウクライナが西側諸国寄りに傾斜していくことに対して、ロシアが安全保障上の問題だとしたことに端を発したものと理解しています。ロシアがウクライナに侵攻を始めたのは、2022年2月24日です。遡ること8年前の2014年3月、ウクライナ南部のクリミア自治共和国がウクライナからの独立を宣言。「クリミア共和国」を樹立し、表向きは自らが望む形でロシアに併合されました。

もともと、クリミア半島は18世紀からロシアと英国、フランスなど列強の間で勢力争いが頻繁に起きていた地域なのですが、クリミアの独立宣言後も、ロシアとウクライナの間には争いの火種がくすぶっている状態でした。やがて、この両国はロシアによる侵攻という形で戦争に突入したのです。

通常、戦争は金価格には支援材料となり、株価には（少なくとも短期的な）悪材料になります。ロシアが侵攻を開始してから、約3年です。金価格も株価も、これまでの動きを織り込み、現在の価格に落ち着いています。

ロシアの国力低下は感じられない？

現時点でわかっていることは、世界最大の軍事力や影響力を持つ米国でさえ、なかなか戦争を終わらせることができていないということ。これは、憶測でも何でもなく、「事実」です。

ロシア・ウクライナ戦争が長期化の様相を見せ始めた時、以下のように考えた人がいるのではないでしょうか？

「西側諸国の経済制裁を背景に、ロシアの国力は大きく低下し、疲弊していくはずだ。それは、戦争終結につながるはず。そうなるのに、それほど時間はかからないだろう」

しかし、そうはなっていないようです。それどころか、ロシアはイランだけでなくベネズエラや北朝鮮など、米国や欧州各国と対立する国々との協力を強化し、深化させています。

もちろん、これらの国々は、欧米という共通の敵に対して、「敵の敵は味方」という理屈で結びついているだけでしょう。また、世界のパワーバランスを考えても、手を結んでいるのは特に強力な国ではありません。しかし、たとえ局所的な結びつきであったとしても、これらの国々が手を結ぶことで、ロシアがウクライナとの戦争を続けることの援《たす》けにはなっています。

ロシアは、インドやベトナムなどに以前から兵器を輸出していました。特に、インドはロシアにとって最大の武器輸入国です。2022年、国連の安全保障理事会の非常任理事国であるインドが、ロシア・ウクライナ戦争を巡りロシアを非難する国連決議の投票を棄権したのはそのためです（ただ、ロシアは兵力や軍需物資の多くをウクライナに配備する必要があったため、インドへの兵器供与が滞る状況が生まれているようです）。また、ロシアは2024年末に崩壊したシリアのアサド政権とも友好的な関係にあり、いまもシリア内に軍事基地を有しています。要は、中東の米軍の動きにも干渉することができるということです。

西側諸国がロシア・ウクライナ戦争を終結させることができていない事実を考えると、私にはそれほどロシアが一方的に弱体化したとは思えないのです。

≫欧米の支援疲れはロシアに追い風

ロシアのウクライナ侵攻後、欧米はロシアを世界経済から孤立させようとしました。日本もその輪に加わっています。ロシアの天然ガスや石油に依存してきた欧州は、ロシアからの天然ガスのパイプライン「ノルド・ストリーム2」プロジェクトを中止し、米国からの天然ガス輸入を増やすなど、他国からの調達を模索しています。米国は、ロシア中央銀行が米国内に保有する6000億ドル超の資産を凍結し、ロシア企業の活動を制限しました。

ある程度まで、こうした制裁は機能したと思われます。しかし、期待したほどのダメージは与えられていません。

欧米がロシアに対して抱える問題は複数ありますが、ロシアとイランとの協調は大きな懸念材料でしょう。ロシアとイランは反欧米（特に反米）で結ばれていて、今後、大がかりな軍事パートナーシップに向かう可能性もあります。ロシアはイラン製の自爆型ドローンなど、軍用のドローンを導入しているとされます。2023年6月には、イランが数百機の軍用ドローンをロシアに供与していたと報じられました。

イラン製の軍用ドローンは、ウクライナのエネルギーインフラに打撃を与えているだけでなく、ほかの軍事ターゲットの攻撃にも用いられているようです。

ロシアは決死の戦いを続けていますが、欧米もウクライナ支援を継続し、相当な資金や資源を割いています。もし今後、株式市場などのマーケットで、ロシア・ウクライナ戦争が「地政学的リスク」として意識されるとしたら、おそらく、それは欧米（特に欧州）で「支援疲れ」が浮上した時でしょう。

ここで言う「支援疲れ」とは、欧州各国で有権者がウクライナ支援に難色を示すことです。最近では、ロシアに侵略される可能性が低い国で、ウクライナへの支援に疑問を感じる有権者が増えてきているようです。この動きが再びトランプ政権となった米国でも広がるかどうかが注目されるでしょう。全体としてのウクライナ支援はそのままであっても、米国の姿勢や支援額に変化が生じてくると金価格が反応すると、私は考えています。また、ロシアが目立った攻勢に転じた場合でも、「局面の変化→混乱の増大」との意識が働き、金価格の上昇につながると見ています。

ただ、仮にそうなったとしても、戦争がすぐに終わる可能性はほとんどないでしょう。戦争が始まった当初から、欧米はウクライナが奪われた領土を軍事力で取り戻すことは難しいとイメージしているような気がしてなりません。だからこそ、欧米は経済制裁によってロシアを疲弊させることで、戦争の継続を難しくしようとしたのでしょう。しかし、現状では経済制裁の効果がロシア経済を大きく疲弊させるまでには至っていません。欧米がこれまで以上の制裁を選択することも考えられますが、その効果は限定的になりそうです。

戦争が長く続き、その途中で停戦交渉が行われたとしても、次第にロシア優勢のイメージが強くなるかもしれません。

イスラエルという地政学的リスク

米国は紛争を〝管理〟するスタンスへ

2023年10月7日、パレスチナのガザ地区を統治しているイスラム原理主義、民族主義を掲げる武装組織「ハマス」がイスラエルを攻撃し、外国人を含む251人を人質として連れ去りました。これに対し、イスラエルはすぐに反撃に出ました。軍事力に勝るイスラエルはガザ地区に潜むハマスやその支援者を一掃する勢いで侵攻し、民間人にも多くの死者が出ました。

この一件を契機として、中東における紛争は拡大しました。

実は今、世界ではこれ以外にも多くの「紛争」が起きています。アサド政権崩壊後のシリアでは政情不安が続き各勢力による争いが激化しています。カスピ海と黒海に挟まれたコーカサス地方では、アゼルバイジャンがアルメニアとの係争地ナゴルノ・カラバフを占領。約15万のアルメニア人が当地から退去させられました。アフリカではスーダンの内戦が激化し、エチオピアでも紛争が再発。西アフリカのニジェールではクーデタによって軍事政権が誕生するなど、アフリカでも政情不安が続いています。

それらの多くは、日本ではほとんど報道されません。人々が知らない紛争、軍事衝突が世界のあちこちで起きているのです。世界的に知られる経済紙「ウォール・ストリート・ジャーナル」を始め、さまざまなメディアが現状を「冷戦終結以降、最悪の世界情勢」などと報じたほか、欧州のシンクタンクが、「2022年には50件以上の紛争が確認」されたと報告しています。

結局、世界中で起きている紛争は、そう簡単にはなくならないということでしょう。その理由として、国連を柱とする「国際的な仲介」がうまく機能していないことが指摘できます。米国や英国など、過去に紛争の仲介を主導してきた国々も、現状はあまり仲介に積極的ではないように見えるのです。

紛争を一気に終結させるには、時には巨額の支援などが必要です。そのため、終結させるというよりも、これ以上状況が悪化しないことに力を注ぎ、紛争を管理することに重きを置いているのでしょう。

イスラエルとハマスの紛争も、長く続く可能性があります。1993年、ノルウェーの仲介でイスラエルとパレスチナ人を公的に代表する組織PLO（パレスチナ解放機構）が初めて和平交渉に合意し、パレスチナ暫定自治協定が成立。パレスチナ自治政府が発足しました。「二国家共存」の原則のもと、中東戦争以降のパレスチナ問題が解決に向かうことが期待されたのです。しかし、その数年後には再び衝突が激化した経緯があります。

当時と比べて、いまはさらに対立が激しくなっています。この地に平和が訪れることは、ほとんど想像できません。

イランの動向に息を呑む展開

「そんなに戦争や紛争ばかり起きてたんじゃ、いずれ株の世界もタダでは済まないんじゃないか」と感じる人がいるかもしれません。先ほども述べたように、現在の金価格や株価には、現在の状況のほとんどが織り込まれていると考えていいでしょう。イスラエルやシリア周辺は常に戦争や紛争の舞台になっているため、新たに小規模の衝突が起きても、マーケットを大きく揺るがすことはありません。金価格についても同様で、強い支援材料にはなっていないでしょう。

ただ、紛争が長期化し、他の勢力が直接的であれ間接的であれ介入をしてくると、投資家たちの見方が変化する可能性はあります。

たとえば、ハマスに呼応して、隣国のレバノンからイスラエルを攻撃している親イラン民兵組織「ヒズボラ」の動きが活発化し、イスラエルの反撃も激しいものになっていますが、さらに事態が深刻化する可能性があります。ヒズボラは元より、ハマスにもイランが軍事的な支援を行っており、イスラエルとイランのミサイルによる交戦も見られました。さらに戦闘が激しさを増すと、過去最大の中東戦争が勃発する可能性もあります。

その時、金価格は相当な上昇を見せることになるでしょう。

現時点では、「そうなる可能性は否定できない」という程度の表現にとどめますが、そうなる可能性があることについて、想定はしておくべきでしょう。イランは、イスラエルとハマスの紛争を、自らが支援する勢力にイスラエルを攻撃させることで、イスラエルの戦力を低下させるだけではなく、イラクやシリアに展開する米軍への攻撃を武装勢力に再開させるためのチャンスと捉えているかもしれません。

現状では、イランと米国が直接的な軍事衝突に至ることまでは想定できませんが、イスラエルとイランが支援する勢力との紛争が拡大することについては、十分に想定しておくべきだと思います。

この紛争が「米国とイランによる代理戦争」という構図に転じると、「第三次世界大戦」の可能性を含め、世界中に衝撃が走るでしょう。そうなれば、金や原油の価格が急騰する一方で、株に関しては、短期的な売りの材料になると思われます。イスラエルとハマスを巡る〝このたびの〟紛争は、まだ始まったばかりと言っていいでしょう。いまのところ、この紛争が終結に向かうイメージは浮かんできません。

中国の南シナ海進出は他人事ではない

さらに拡大する中国の海洋進出

驚いたことに、中国政府は領有権問題を抱える南シナ海のほぼ全域を「領海」としています。南沙諸島（スプラトリー諸島）では岩礁を埋め立てて人工島を造成し、軍事関連の施設を整備するなど実効支配を強めています。中国政府は、南シナ海を台湾海峡以上に重視すべきとの認識を持っているようです。

「南シナ海は中国領」「台湾も中国領」という理屈です。

◆各国が自国の主権を主張する境界線

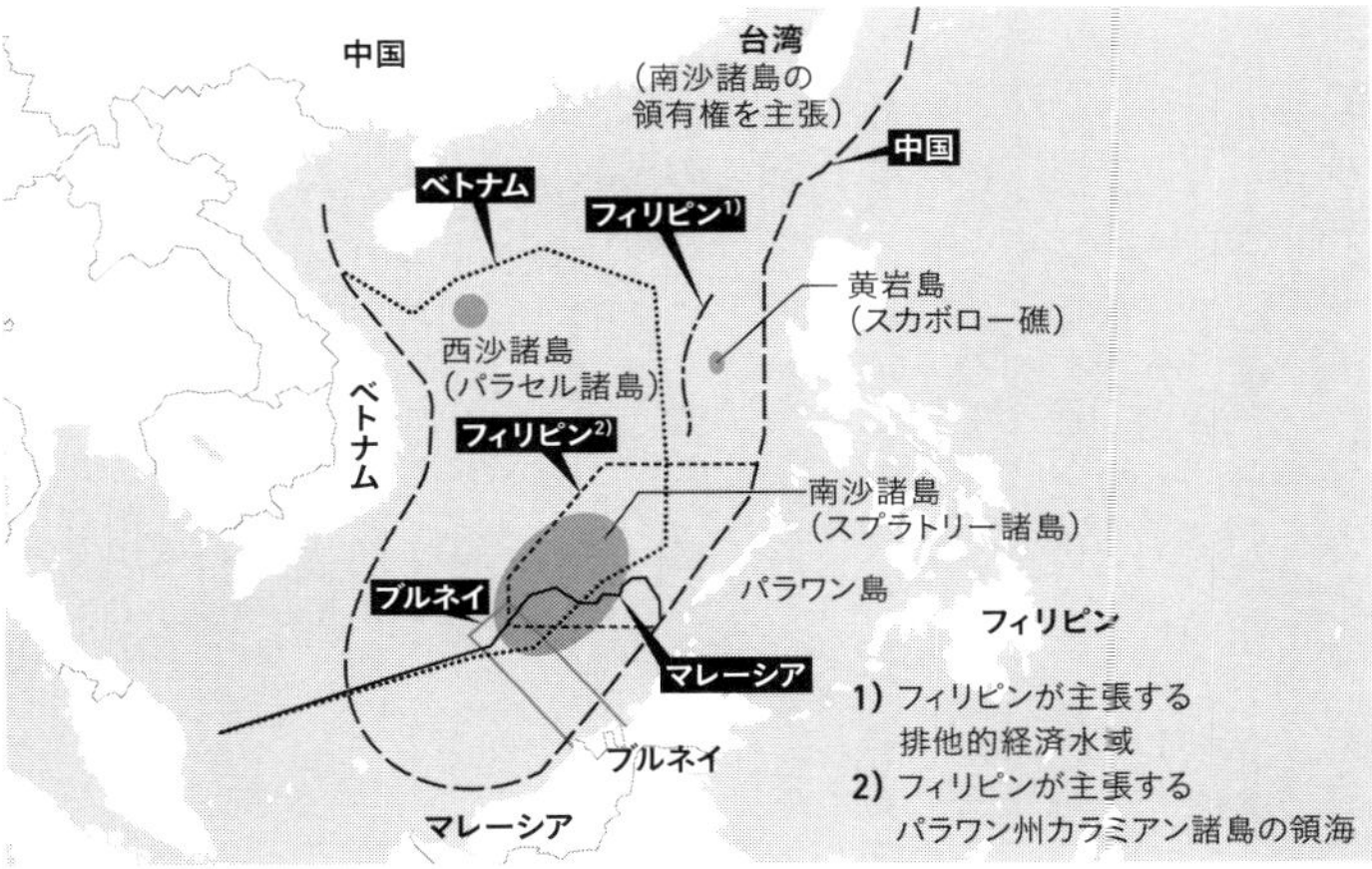

もちろん、これを承認する周辺国などありません。フィリピンやマレーシア、ベトナムなど関係国から一斉に反発を受けています。

フィリピンは米国との防衛協定に基づいて、フィリピン国内で米軍が使用できる拠点を増強。インドネシアは米軍と「ガルーダ・シールド（多国籍間合同軍事演習）」を行うなど、周辺諸国は防衛インフラの整備に注力しています。最近では、この「ガルーダ・シールド」に自衛隊やオーストラリア軍なども参加し、その規模の大きさから「スーパー・ガルーダ・シールド」と呼ばれているようです。

南シナ海は、中国と台湾のほか、ベトナムやフィリピンなどの東南アジア諸国に囲まれ、サンゴ礁でできた小島が点在している美しい海域です。

中国が南沙諸島（スプラトリー諸島）や西沙諸島（パラセル諸島）など、ほぼ全域の領有権を主張する一方で、沿岸の国々・地域も、それぞれ一部の島などの領有権を主張しており、中国と東南アジア諸国の間で大きな摩擦が起きています。

また、中国は台湾に関しても「台湾は中国の領土で、台湾の政治は中国の内政」とも主張しています。

これらの対立構図を見ると、以下のような疑問が浮かびます。

「この海域で〝一触即発〟の事態は起こらないのか？」

「米国が主導して周辺国の利益を守ろうとするのか？」

「軍事的な対立なしに、平和的な解決はできるのか？」

「中国が領有権を主張する地域をさらに拡大してくる可能性はないか？」

「中国が台湾に対して武力行使に出ることはないか？」

このように羅列してみると、日本に近い海域が世界でも稀な「危険な海域」であることがわかります。それらすべてに「中国」が絡んでおり、その背景には米軍に次ぐ世界2位の規模にまで拡大した軍事力があります。

また、中国は台湾と国交がある小国に対し、経済支援と引き換えに台湾との断交を要求するなど、外交的な圧力も強める姿勢を示しています。

日本も例外ではなく、沖縄の尖閣諸島周辺の接続水域では、中国海警局の船舶が連日のように航行を続けています。中国は尖閣諸島についても、「中国が発見し、利用・管轄してきた」と自らの領土であると主張しているのです。海域だけでなく、２０２４年8月26日には中国軍機が長崎県沖の上空を領空侵犯する事案も起こりました。

中国と東南アジア諸国との軍事衝突はあり得る

過去において、米国は外交や通商を通じて中国と融和し、中国の影響力を抑える試みをしていました。しかし、もはやその戦略は崩壊しています。国際秩序を持ち出し、中国の変化に期待することも失敗に終わりました。南シナ海や尖閣諸島周辺について、中国は一方的に国際法を無視した行為を続け、自らの主張を通そうとしています。

一つだけ確実なのは、中国の力が巨大化したことによって、米国との直接交戦はないと言えるようになったことです。「大国対大国」の軍事衝突が起これば、双方に壊滅的なダメージを与えるでしょう。それが確実視される以上、必ずそれを抑制する動きが生じるからです。

とはいえ、「小国対大国」の軍事衝突は十分あり得ます。その衝突は、必ずしも短期間で大国が勝利するとは限らないのも、過去の多くの例でわかっていること。実際に紛争が発生すると、長期にわたって続く恐れがあります。

「小国対大国」という構図では、南シナ海におけるフィリピン、マレーシア、インドネシア、ベトナムなどと中国との衝突が最も懸念されるでしょう。たとえ偶発的なものであったとしても、大きな問題に発展する可能性があります。私は、米国が直接介入を警告し続けている台湾より、南シナ海周辺で不測の事態が起こる可能性のほうが高いと見ています。

実際に、その不測の事態が起きた時のネガティブサプライズは、相当な大きさになるでしょう。最初は小さい衝突であっても、それを契機に中国がさらに海洋進出を活発化させるかもしれません。

そうなると、金価格にはかなりの上昇圧力がかかると思われます。半面、ごく近い地域の地政学的リスクによって、日本株は短期的に急落を余儀なくされるでしょう。

本章の「ロシア・ウクライナ戦争は10年戦争となる公算大」で触れましたが、日本政府は新たな「防衛力整備計画」で、２０２３年度から5年間の防衛力整備の水準を、従来の計画の1・6倍にあたる43兆円程度にまで増やしました。防衛省は、計画の初年度にあたる２０２３年度予算を「防衛力抜本的強化の元年予算」としています。２０２３年度予算の防衛費は、過去最大の6兆８２１９億円。２０２２年度の当初予算と比べると、１兆４０００億円余りの増額です。

もし、南シナ海で中国と他国の軍事衝突が実際に起きた場合、防衛予算はさらに跳ね上がることが想定されます。防衛費の増額については、反発が起こるでしょうが、日本の目と鼻の先で起きた事態を見て、有権者はそれを支持せざるを得ないでしょう。冷戦時のような、どこか他人事の感覚はなくなり、過去とは異なるレベルで国民が危機感を抱くという、気持ちの悪い世の中が到来することになります。

そこで、やはり「金」の出番となるわけです。

米国のパワーはどんどん落ちている

もう米国に期待してはいけない

こうした地政学的リスクの高まりに対して、私たちは、

「コトが起これば、米国が動いてなんとかしてくれるだろう」「トランプ大統領ならなんとかするだろう」

というイメージを抱いているのではないでしょうか？

ここまで話をしてきた「地政学的リスク」において、「そのような考え方は幻想である」

ということを再確認しなければなりません。幻想であることは、直近の米国が事態を全く解決できていないことを見ればわかるでしょう。

米国はウクライナを支援していますが、紛争は続いています。

米国は南シナ海を巡る中国の動きについても「国家主権を著しく侵害している」と主張していますが、中国の行動はエスカレートする一方で、米国の警告など気にもしていないかのようにふるまっています。

中東でも、イスラム勢力の動きは依然として活発であり、友好国であるイスラエルの軍事行動を抑えることもできていません。

米国は、現在でも圧倒的な軍事力を誇ります。しかし、簡単に軍事力を行使できる状況にはありません。それを見透かすように、米国と対立している勢力の力が増し、さまざまな問題が起こり、それが続いています。

もちろん、米国もただ指をくわえて見ているだけではなく、ほとんどの問題に「スタンスの表明」などによって介入はしますが、解決することはできていないのです。

その事実を考えると、私たちは「米国の力」が弱くなっていることを認めなければならない段階に来ています。「米国政府の力」と表現したほうが適切でしょうか。

2022年時点のデータを見ると、米国の軍事費は約8800億ドル（132兆円）。世界全体の軍事費の4割近くを占めています。中国の軍事費はその3分の1、ロシアは10分の1です。

米国が、米国中心の世界秩序を維持できなくなってから、かなりの時間が経過しています。これは、そのまま米国の衰退を意味しています。米国はもう、「世界の警察官」の役割を果たせていません。

その結果、大国間競争、安全保障上の対立、領土や資源の争奪という「地政学的リスク」が急増しています。プーチン大統領がロシアの勢力圏拡大を画策していることは明らかです。中国も同様でしょう。この両国は、あらゆる手段を使って勢力を拡大する構えを見せています。

ロシアのプーチン大統領、中国の習近平国家主席には、政権内での制約がほとんどありません。そのため、世界での優位性を獲得するために、迅速な行動を取ることができます。勢力圏拡大のための行動は、米国との対立の激化につながっています。

有権者の賛同を得られない米国政府

対立が激化しても、米国政府は両国の力を奪うことができていません。多くのケースで、米国内の有権者の支持を得ることができないからです。

米国は世界最大の軍事力と、世界最大の経済力を持つ国です。その力を背景に、平和と繁栄をほぼ永続的に享受できると有権者が考えているからこそ、他国のことに強い関心を持たないようになってきたのではないでしょうか。

当然、世界で軍事的、経済的な緊張が高まれば、米国も巻き込まれます。しかし、米国には自国を直接脅かすような安全保障上の脅威はありません。また、絶え間なく世界経済をリードする企業を輩出しています。２００６年以降、米国ではシェールオイル・ガスの開発が進み、「シェール革命」によって世界最大の石油・ガス産出国に浮上しました。

自らはおおむね安全圏にいることから、遠い地域で起きた出来事に自国政府が介入することを是としない意識が、有権者の根底にあるように思われます。この意識が、米国政府の実力行使に対して嫌悪感を抱かせるのです。この嫌悪感が膨らめば、政権の基盤をグラつかせる力として作用します。

米国政府は、常にそうした有権者の意識を気にするため、積極的に「世界の警察官」として振る舞ってきた役割を果たせないまま、時だけが過ぎていく……。米国の有権者の意識こそ、米国の力を弱めている根源でしょう。米国民自身が、米国政府の世界的な影響力を小さくしていることに皮肉を感じざるを得ません。

次の経済大国インドの影響力

インドは米国の同盟国ではない

経済的な台頭が著しいインドは、「曲者」です。

現時点で、多くの日本人はインドに対する明確なイメージを持っていないでしょう。「インドは米国と利益を共有しても価値観は共有していない」と書くと、驚かれるかもしれません。

インドは、米国ともロシアとも中国ともつかず離れずのスタンスを取る国です。ケースバイケースで、「国益となるほう」に寄っていくのです。

東西冷戦期、インドは米国との協調を拒否し、ソ連と友好関係にありました。冷戦終結後、米国はインドとの関係を重視し始めますが、インドはロシアとのつながりを維持しています。ミャンマー軍事政権とも友好関係にあるほか、核開発を巡るイラン問題では、やはり対米協調を拒否。ロシアのウクライナ侵攻を非難する国連決議においても、棄権を貫きました。

ウクライナ侵攻を背景とした西側諸国の経済制裁によって、ロシア産の原油は行き場を失いました。そのダブついた原油を割安で買い入れたのがインドです。2021年時点でインドのロシアからの原油輸入は、日量ベースで輸入全体の2%程度に過ぎませんでしたが、2022年は15%程度にまで増加しました。2023年はさらに輸入が拡大したでしょう。その輸入したロシア産原油を精製し、石油製品の輸出を拡大。もともと、インドでは石油製品が輸出のトップを占めていましたが、2022年の石油製品の輸出は、なんと前年比74・5%増（!）。驚異的な伸びを見せました。

2024年時点で、インドは世界第5位（日本の次位）の経済大国で、2021年度の経済成長率は9・7%、2022年度は7・0%、2023年度は8・2%と、若干の減速は見えるものの、高成長を維持しています。さらに、インド政府は2024年度が7・3%、

2025年度は7％前後との見通しを発表しています。

2024年2月に内閣府が発表した名目GDP（国内総生産）について、ドル換算で日本がドイツに抜かれ、世界第4位に転落したことが話題になりました。実は、2025年にはインドにも抜かれ、第5位になる可能性があります。つまり、インドは世界第4位の経済大国に浮上するかもしれないのです。

さらに、インドは自らの勢力圏とするインド洋で、軍事的な影響力を拡大しようとしています。米国の軍事力評価機関によると、インドは「2024年世界軍事力ランキング」で米国、ロシア、中国に次ぐ第4位に位置付けられました。2024年2月に発表された国家予算案では、防衛費が歳出総額の10％を占めるなど、軍の近代化を急速に進めています。

また、インドは高度な教育を受けた科学者や技術者を擁し、大規模な核兵器保有国でもあります。1974年に初めて核実験を行ってから核開発を進め、世界有数の核保有国になりました。1990年代には、対立するパキスタンとの核開発競争が勃発。2020年には、中国軍がインド領を侵犯し、両国軍隊が衝突する「中印国境紛争」が起きています。

≫インドの台頭は新たな不安となる公算大

インドの台頭は、軍事、経済の両面において、アジア地域のパワーバランスを変えるものになるでしょう。インドが「米国と利益を共有しても、価値観は共有していない」という立場を取ってきた経緯を勘案すると、中国が台頭した時と同様、米国にとって外交的な困難を伴う可能性があるでしょう。また、中国と同様、インドの台頭も経済、軍事の両面でジリジリとしたペースで進行することになると思われます。

インドは、過去の重要な局面でことごとく対米協調を拒否してきた国です。また、軍事的には中国との摩擦に注意を払うべき国でもあります。

ここまで想定してきたことは、ほぼすべてが金価格にとって追い風になるものです。株価については、インド経済の影響力はまだ限定的ですが、インドを巡る地政学的リスクが発生した際は、金価格が反応するでしょう。

ポイントは、インドに対する米国の姿勢です。今後、米国政府が明確に「インドはNATO（北大西洋条約機構）加盟国のような同盟国ではない」というスタンスを表立って見せ始めた時、「インド＝不安要因と認識される時がスタートした」と考えていいでしょう。

金価格は時間をかけて3万円に

金価格は上昇していく

ここまで、「金価格に大きな変動をもたらすのは、地政学的リスクである」ということについて説明してきました。これは間違いありません。宝飾品や電子部品の需要は金価格を下支えする要素ではありますが、短期間の大きな価格変動をもたらすものではないでしょう。

本章で地政学的リスクについて述べたのはあくまで金価格の動向を説明するためであって、世界の軍事的緊張が高まってほしいなどと考えているわけではありません。

米国、ロシア、ウクライナ、イスラエル、パレスチナ、イラン、イスラム勢力、中国、台湾、東南アジア諸国、インド――。多くの国・地域や勢力が、すでに地政学的リスクの軸として存在していることに加え、これらはリスクが拡大したり、長引いたり、さらには新たなリスク浮上の引き金になったりすると考えられます。

しかも、それは急にやってくるのです。

地政学的リスクの発生、拡大は、同時に世界不安につながります。その際には、まず、株式市場が不安を受け止めることになるでしょう。半面、実際に存在するモノであり、世界中のどこでも同一の価値を持ち、換金が可能な「金」が脚光を浴びるのです。

日本は地政学的リスクの軸にはなっていないため、もしかすると危機感は希薄かもしれません。しかし、想像することはできます。日本人には想像できないほど地政学的リスクにさらされ、財産を失う危機にさらされた人々が、いったいどのような行動を取るでしょうか？

その答えとして浮上するのが「金」なのです。

長い間、金価格は激しく価格が変動するものではありませんでした。しかし2008年9月のリーマン・ショック（大手投資銀行リーマン・ブラザーズの破綻をきっかけとした世界的な経済危機）の前から急上昇を始め、落ち着きを見せた後も、高値を維持しました。そし

◆2004〜2024年のニューヨーク金先物チャート

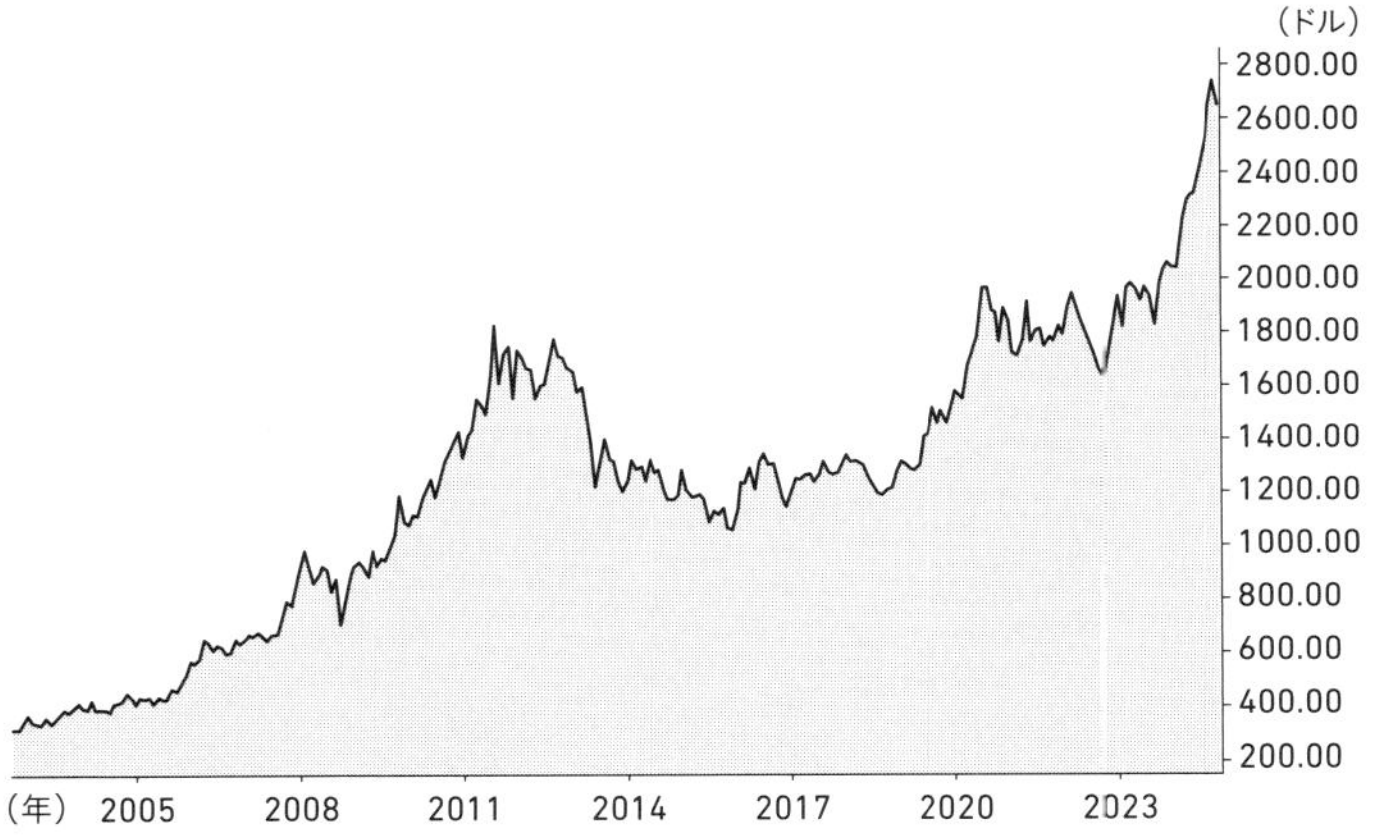

Investing.comをもとに作製

て、新型コロナの感染拡大によって一段高となり、コロナが落ち着いた後も高値で突き進んでいます。

金価格には、「世界の不穏度」が表れます。金が高値を付けていることから認識すべきなのは、「世界は不穏なことであふれている」という事実なのです。今後も、地政学的リスクが拡大、あるいは新たに発生するたびに、金価格は急上昇するでしょう。

すべての地政学的リスクが一掃される可能性は、現状「ゼロ」です。この事実は、金が私たちが経験したことがない価格にまで上昇することを予感させます。

私は、ドル建ての金価格は現状の2倍、ざっと1toz（トロイオンス＝約31・1グラム）＝5000ドルに到達する日が来ると見ています。円建て価格では、1グラム＝3万円近くに時間をかけて到達すると見ています。その過程で、日本自体が地政学的リスクにさらされる可能性が高まれば、金価格の上昇スピードはアップするでしょう。

想定しておくべき「核兵器の使用」

もう一つ、過去に経験したことがないケースが起きることも想定しておかなければなりません。この想定に対して、強烈な嫌悪感を抱く人がいることは認識していますが、起こる可能性がゼロではないため、あえて指摘しておきます。そして、それは金価格の未曽有の上昇につながると思われるものです。

考えたくないというのが本音ですが、あり得るかもしれません。

それは、「核兵器の使用」です。

第二次世界大戦後、核兵器が戦争に用いられたことはありません。核兵器は対立国への威嚇や保有国の安全保障のためにあるもので、使用されるものではないという前提が存在しています。その前提が崩れた時、これまでの価値観も崩れ、それに伴って金価格は急上昇するでしょう。

ロシア、イスラエル、米国、中国、インドなどの核兵器保有国に加え、イランも保有が取りざたされる国です。ロシアのプーチン大統領は、ことあるごとに「核兵器の使用も辞さない」と欧米各国に警告しています。そのたびに株式市場は短期的な混乱を見せています。

しかし、本章の「株式市場には〝究極の下支え〟が存在する」でお話ししたように、株式市場が大混乱に陥ったとしても、「主要国による財政出動」や「中央銀行による金融緩和」が見込まれます。そのため、株式市場は元の水準に戻っていくでしょう。

地政学的リスクが頻発することで、新たな価値観が構築され、軍需産業を中心に、株式市場に新たな買いのテーマが生まれるかもしれません。

世界で起き続ける「不穏なこと」が金価格を押し上げる。そして、株式は主要国の政府や中央銀行に支えられながら、経済成長などを要因として高値を目指す――。

このストーリーを忘れることなく投資に臨むべきでしょう。

第三章 >>>

株式投資に必要なこと

すばやく取引インフラを整えること

証券口座を開設して入金

株式投資は、まず証券口座を開設するところから始まります。証券会社に口座さえあれば、入金後注文が出せるようになるわけですが、このほか実際に投資を始める前に「知っておくべきこと」がいくつかあります。ここでは、それについて述べていきます。

いま、株式投資に関心を持つ人が増えています。

個別銘柄に投資するほか、株価指数に連動するＥＴＦ、さらには投資信託などの選択肢があります。

最初に必要なことは、証券口座を開くことです。当たり前の話なのですが、これまで全く投資をしたことがない人にとって、「口座開設」がまず踏み出すべき一歩であることは確かでしょう。ここでは単に「口座を開きましょう」と言うだけでなく、長く株式投資をしている私が「これが最良ではないだろうか」というものも提示してみます。

「どこの証券会社に口座を開くといいですか？」

多くの人から聞かれることです。

この質問に対しては「(利便性が高い) 大手ネット証券なら、どの証券会社でも大差ないので、そこでいいでしょう」と答えるわけです。

ここで言う「大手ネット証券」とは、最大手のＳＢＩ証券や、楽天証券、松井証券、マネックス証券、三菱ＵＦＪｅスマート証券（旧社名・ａｕカブコム証券）などを指します。

ＳＢＩ証券と楽天証券の2社は、２０２３年9月末、10月1日よりそれぞれ国内株式の取引手数料を無料化しました。確かに、「手数料無料」などと耳にすると魅力的に感じるかもしれませんが、その他のネット証券との差は、たかだか数十〜数百円といったところ。そんなに一生懸命に考えることもないでしょう。大手ネット証券ならどこでも同じです。

ネット証券と総合証券の「2口座体制」がスマート

野村證券や大和証券など、総合証券（店舗もある証券会社）は、大手ネット証券と比べて取引手数料が割高です。しかし、その代わり、総合証券は自社で大勢の証券アナリストを抱えていて、個別銘柄や株価の動向について有用な「顧客向けレポート」を発行しているという強みを持っています。そうしたレポートは、口座を開くだけで見られるものが多いので、ぜひ、総合証券にも口座を開設しておくことをおすすめします。

ＳＢＩ証券、楽天証券、松井証券、マネックス証券、三菱ＵＦＪｅスマート証券のうちどれか1社、野村證券、大和証券、ＳＭＢＣ日興証券、みずほ証券、三菱ＵＦＪモルガン・スタンレー証券の大手総合証券、または準大手の岡三証券、東海東京証券のうちどれか1社、合計で二つの口座を開設しておく、この2口座体制がスマートでしょう。

速やかに証券口座を開設して、株式投資ができる状態を整えましょう。この時点で「え〜、どこにしようかな〜」と迷っていては、抜群のタイミングを逃す可能性もあります。サクッと決めて、ササッと株式投資の世界に足を踏み入れましょう。

すべての銘柄が万遍なく買われるわけではない

≫投資マネーは「儲かる可能性が高いところ」に流れる

口座の開設を終えた時点で、「さぁ、どの銘柄を買おうか」と手をブンブンと振り回す人がいるかもしれません。確かに、すぐに株を買える状態にはなっていますが、その前に知っておくべき「前提」がいくつかあります。そのうちの一つが、「どんなに相場全体が上がっていても、すべての銘柄が万遍なく買われるわけではない」ということ。この事実を知らないと、いつまで経っても株価が上がらない銘柄を持ち続けてしまうことになりかねません。

投資マネーは、その時々によってさまざまな銘柄群に流れ込みます。すべての銘柄は、自動車、電機、精密、機械など「外需（輸出）銘柄」と、国内の小売りやＩＴ、建設などの「内需銘柄」に大きく分けられます。その時々の状況によって、外需銘柄が買われる相場だったり、内需銘柄が買われたりするように、資金の動きがシフトしていくのです。外需銘柄が買われる要因の一つが「円安」です。円安が進めば、外需銘柄の売上と利益がかさ上げされ、多くの投資家が注目することになります（例外はあるものの）。

外需銘柄に投資マネーが集まっている時に、内需銘柄を買っても、外需銘柄の株価が上がっていくのを、指をくわえて眺めるしかないかもしれません。いくらその内需銘柄の業績が良かったとしても、外需銘柄にお金が集まる局面では、大きな投資マネーがその内需銘柄に向かう可能性は高くはないでしょう。それは、投資マネーが常に「儲かる可能性が高いところに流れる」ものだからです。

外需と内需というグループ分け以外にも、多くの分類が存在します。

財務の健全性、規模（時価総額）や流動性（取引量）、配当、過去と比較した際の株価水準（割高か割安か）といった個別の質など、さまざまにあります。

時には、個別の業績などとは関係なしに、「会社の知名度が高い」「時価総額が大きい＝流動性が高い（日々の出来高が多い）」ことを理由として、人気が集まるケースもあります。2024年以降の株式相場では、これと似たようなことが起きました。「その会社の業績がいい」とか、「株価が割安だ」ということよりも、日経225銘柄に採用されているような大型株に投資マネーが集中し、それにつられて日経平均が一気に上昇したのです。もともと、全体の相場が活況となる時は、株式市場に入ってくるお金自体が増えます。そうなると、業種や個別のテーマに関係なく、大型の株が買われやすくなるのです。

ほかにも、「高配当銘柄」に投資マネーが集まるケースもあります。高配当が人気テーマになっている時は、高配当で知られる総合商社株やメガバンク株などが買われる傾向が強まります。この時も、投資家が「このメガバンクがいい！」と考えているわけではなく、単に「高配当だから」という視点で買われているのです。

大事なのは「いまどんな銘柄の株価が上がっているのか」

ここまでの話を通して私がお伝えしたいのは、「ずっと同じ銘柄や、同じテーマで銘柄群を見続けると、相場の流れについていくことはできない」ということです。これは、「次にどんな銘柄群が買われるのかを予想しよう」と説いているわけではなく、認識すべきことは、「いまどんな株が上がっているのか」を把握すること、と訴えたいのです。

事前にどんな業種、どんなテーマが人気になるかを予測するのは、簡単ではありません。常に世界、あるいは日本に滞留する投資マネーの流れを意識していれば、ある程度、予見することはできますが、必ず予想した通りになるわけでもありません。

それよりも、どんな銘柄が買われているかを調べ、認識することが大事だと私は過去の投資経験から感じています。

「いま何が買われているか」を知りましょう。

もちろん、「いま何が買われているか」と、その理由を知るためには、ある程度、経済や政治の状況などさまざまなことに気を配る必要があります。

実際、何も知らないままでは投資は難しいのです。

それでも、日夜パソコンのモニターの前に張り付き、ありとあらゆることについて詳細まで調べ上げ、分析し、将来を予測する作業に時間を費やすというわけではないのです。個別銘柄を含む株価の動きを大まかに把握しておくイメージです。

こんなこともあった……豆知識

２０２４年１月１日、能登半島地震が発生し、多くの住民の方々が被害に遭われました。悲しむべきことであり、国民が一丸となって今後の復興に取り組むべきことです。この中でかなりの「復興需要」が発生することも容易に想像がつきます。それを見越して、震災発生後、初めての取引となった１月４日以降は、北陸を地盤とする建設会社などの株が買われました。過去においても大規模地震が発生すると、建設株、道路株などが株式市場で買われた経緯があります。株式市場は常に「現実」を見ているというわかりやすい例です。

新規参入組は「インデックス投資」が主力

個別銘柄を選べない人のためのインデックス型商品

「どの銘柄を買えばいいか」は投資家が最も時間を割き、悩むものでもあります。当然と言えば当然の話です。何千、何万人という個人投資家が日夜、研究や勉強を重ねるのも、「どの銘柄が儲かるか？」というテーマに向かっているからです。一度くらい都合よく確実に儲かる銘柄がわかったとしても、それが続くかどうかも未知数です。

それが面倒だったり、チェックする時間がないという個人投資家の中にはＥＴＦ（上場投資信託）を活用する人も多くなりました。ETFは、日本語訳の通り「上場している投資信託」で、個別銘柄と同じように売買することができます。

ETFにもさまざまな種類があり、いま人気を博しているのがTOPIX（東証株価指数）や日経平均株価といった株価指数に連動するETFで、「インデックス型」と呼ばれるものです。一般的な投資信託（取引所に上場していない）にもインデックス型のタイプが数多くあり、どちらも2024年1月からスタートした新NISAの対象になっています。どちらも商品の性質は全く同じですが、一般的な投資信託だと売買手数料以外に、投資信託特有の「信託報酬」という手数料が〝毎年〟差し引かれることになるほか、投資信託は、証券会社のホームページで売り注文を出してから実際に売却されるまでに1日程度のタイムラグが発生するため、同じインデックス型を買うなら、個別銘柄と同じようにリアルタイムで売買できるETFのほうが利便性は高いと言えるでしょう。

「10年で1000万円の儲け」と「3か月で1000万円の儲け」、どっちを選ぶ？

「銘柄の数が多すぎる」「何を買えばいいのかわからない」という理由で、ＥＴＦへの投資を選択する人は少なくありません。ネットで「投資初心者」「何を買うべき」といったキーワードで検索すると、「まずは投資信託を買ってみましょう」「インデックス型投資信託やインデックス型ＥＴＦによる積み立てがおススメ」などといったものが数え切れないほど出てきます。それだけ、インデックス型は人気のようです。

インデックス型の投資信託やＥＴＦが人気になっているもう一つの理由として挙げられるのが、インデックス型が新ＮＩＳＡの投資対象になっていることでしょう。おそらく新ＮＩＳＡが始まった２０２４年１月以降、「個別銘柄を選ぶのが面倒」だったり、「何を買えばいいのかわからないけれど、とりあえず株を買っておきたい」と考えたりする個人投資家のマネーが、インデックス型投資信託やＥＴＦに流れ込んでいるのです。

もっとも、私は投資信託だろうとＥＴＦだろうと、基本的にインデックス型の商品は買いません。もし、私のセミナーに来てくれた方に「インデックス型はどうですか？」と質問されたら、こう答えるでしょう。

「インデックス型ですか？　まぁ、別に買ってもいいんじゃないですか」

実は過去に、私もインデックス型のＥＴＦを保有していたことがあります。確かに銘柄を選別する手間は省けますが、私が前述の質問に対して味気ない答え方をするには理由があります。それは、「大きく儲けようと考えているなら、インデックス型のＥＴＦではなく、やはり個別銘柄を買うべき」だからです。

相場全体が大きく下がる局面では、インデックス型ＥＴＦのほうが個別銘柄よりも損失を小さく抑えられるかもしれません（もちろん保有する個別銘柄にもよります）。しかし、相場全体がさながらドカンと音を立てているかのごとく上昇する局面では、ＥＴＦよりも個別銘柄のほうがはるかに大きく上昇します。

株式投資の本懐は「短い期間に大きく儲ける」ことですから、私はインデックス型ではなく、「いま上がっている株」にまず注目するようにしているのです。こう言うと、「そんなことはない。株式投資は、長期間の資産形成のためにするのだ」と主張する人も出てくることでしょう。その意見も間違いではありません。

しかし、同じ額の投資資金、同じ投資リスクと仮定して「10年で１０００万円儲けられる」と、「3か月で１０００万円儲けられる」、どちらを選びますか？　１０００人に１人の変わり者を除けば、まず間違いなく後者を選ぶはずです。実際には「同じ投資リスク」という条件は成立しませんが、それが可能であるなら、私は絶対に「短い期間に大きく儲ける」

可能性を追求します。そして、その道を開くのが個別銘柄への投資です。

インデックス型商品の功罪

もっとも、インデックス型投資信託やＥＴＦへの投資を完全に否定しているわけではありません。先ほど述べたように、相場の上昇局面では何も買わないよりはマシですし、インデックス型商品に資金が流れ込めば、やはり相場全体の活況につながるからです。これは、インデックス型商品の功罪の「功」の部分でしょう。

インデックス型商品への資金流入については、功罪の「罪」の部分もあります。それは、インデックス型への資金流入が、株価の「ゆがみ」を形成することです。

インデックス型商品（ＥＴＦを含む）は指数に組み込まれている銘柄の株価が割高だろうが割安だろうが、関係なく機械的に買うことになります。これが株価の「ゆがみ」を作り、その結果、割高な銘柄は一段と割高になってしまうケースも出てきます。

２０２４年の上昇相場では、ユニクロを運営するファーストリテイリングやＦＡ用空気圧制御機器の世界首位メーカーのＳＭＣなどの値がさ（客観的に株価が高い）株や、アドバンテスト、東京エレクトロンなどの半導体関連株が大きく買われる局面がありました。半導体関連株自体は、世界の株式相場の主役として継続的に人気が集まっている銘柄ではあります。

ただ、半導体関連株の株価上昇には、昨今のインデックス型金融商品の人気が少なからず影響しているはずです。もともと、半導体関連株は2023年も人気で、業績に対して割高な銘柄が少なくありませんでした。もし今後、相場上昇の勢いが一巡し、循環的な下げ相場に突入した場合、インデックス型商品によって一段と割高に買い上げられた半導体関連株が猛烈に売られる局面があるかもしれない、そのようにも考えることができるのです（実際、一部の銘柄は大きく下落したのです）。

株価が上がっている銘柄がさらに上がる事実

トヨタやユニクロもテンバガー

個別銘柄の過去の値動きをチェックしていると、「なぜこの銘柄の株価はこんなに上がったのだろうか？」と不思議に感じる場面があります。

すでに株価が数倍に上がっているのに、まだ人気が続いている銘柄を見て、「将来性はあるかもしれないけれど、そんなに利益が増えると決まったわけじゃない……すでに割高なのに、まだ買われるなんて信じられない」などと感じることもあると思います。

そのような銘柄の代表格が「テンバガー」でしょう。テンバガーとは、株価が安値から10倍以上に値上がりした株のこと。もし、テンバガーを摑まえることができれば、20万円が200万円、200万円が2000万円になるわけです。テンバガーを実現するのは、個人投資家の夢の一つでもあります。

「そんな銘柄、滅多に出てこないでしょ？」と思われるかもしれません。確かに、現在は東証に4000ほどの銘柄が上場していて、その中でテンバガーを達成する銘柄はごく一握りです。それを、株価が上昇する前から言い当てるのは、雲を摑むような話でもあります。

そうは言っても、テンバガー達成は決して不可能なことでもありません。トヨタ自動車やソニーグループ、ファーストリテイリング（ユニクロ）といったいまでは誰もが知る会社も、過去の安値から見るとテンバガーを達成していることになります。

上場銘柄の4分の1がテンバガー達成!?

2022年、大手経済紙に面白い記事が掲載されていましたので、その内容を紹介します。

2008年9月15日、米国の大手投資銀行であるリーマン・ブラザーズが破綻し、世界中の株式市場が暴落しました。いわゆる「リーマン・ショック」です。リーマン・ショックでは、株式以外にも、債券や商品など、ありとあらゆる金融商品が売られました。もちろん日本の日経平均も例外ではなく、リーマン破綻前の8月には1万3000円台で推移していましたが、10月の終わりには、一時7000円を割り込むまで暴落します。当時、株式投資をしていた人は、「この世の終わり」を迎えたような気分になったことでしょう。

大手経済紙の記事では、「この大暴落の最安値を基準として、2022年1月までに株価が10倍以上に値上がりした銘柄の数は、実に946銘柄。東証に上場していた3769銘柄のうち、4つに1つがテンバガーを達成していた」と紹介していました。また、株価が20倍以上に値上がりした銘柄は405銘柄もあったとのことです。

もちろん、投資家にとって地獄のような時期に買い出動するのは、なかなか難しいことでもあります。かく言う私も、「いずれ株価は回復する」と思いながらも、日経平均が7000円を割り込むまで下落した局面では蒼ざめたものです。

この後日経平均は、しばらく底値近辺で低迷を続けます。そして、2013年から安倍晋三首相（当時）の経済活性化政策「アベノミクス」で復活を遂げるわけですが、このアベノミクス相場の初期に買ったとしても、テンバガーを達成した銘柄の数は十分にあるのです。

リーマン・ショック直後のような株価の底値で買うのは非常に難度が高いことは事実です。そうした際には、世の中の雰囲気が混乱する中で、先行して株価が持ち直しを見せてくるかを重視してください。多くの場合、それが絶好のタイミングとなるのです。

エヌビディア好調でテンバガー、半導体製造装置「アドバンテスト」

テンバガーのような株価が大きく上がる銘柄を摑まえるためには、株価の習性を捉えておく必要があります。その習性とは、「株価が上がっている銘柄には、さらに買いが集まりやすい」というものです。

アドバンテスト（6857・東証プライム）の株価の動きを見てみましょう。同社は半導体製造の「後工程」で重要となる半導体検査装置の世界的なメーカーです。先端半導体（生成AI向け半導体）の実装によって検査がより重要となっています。半導体は不良品の混在が許されないため、高機能の検査装置の需要がさらに伸びることが確実視されています。世

◆アドバンテスト 月足チャート

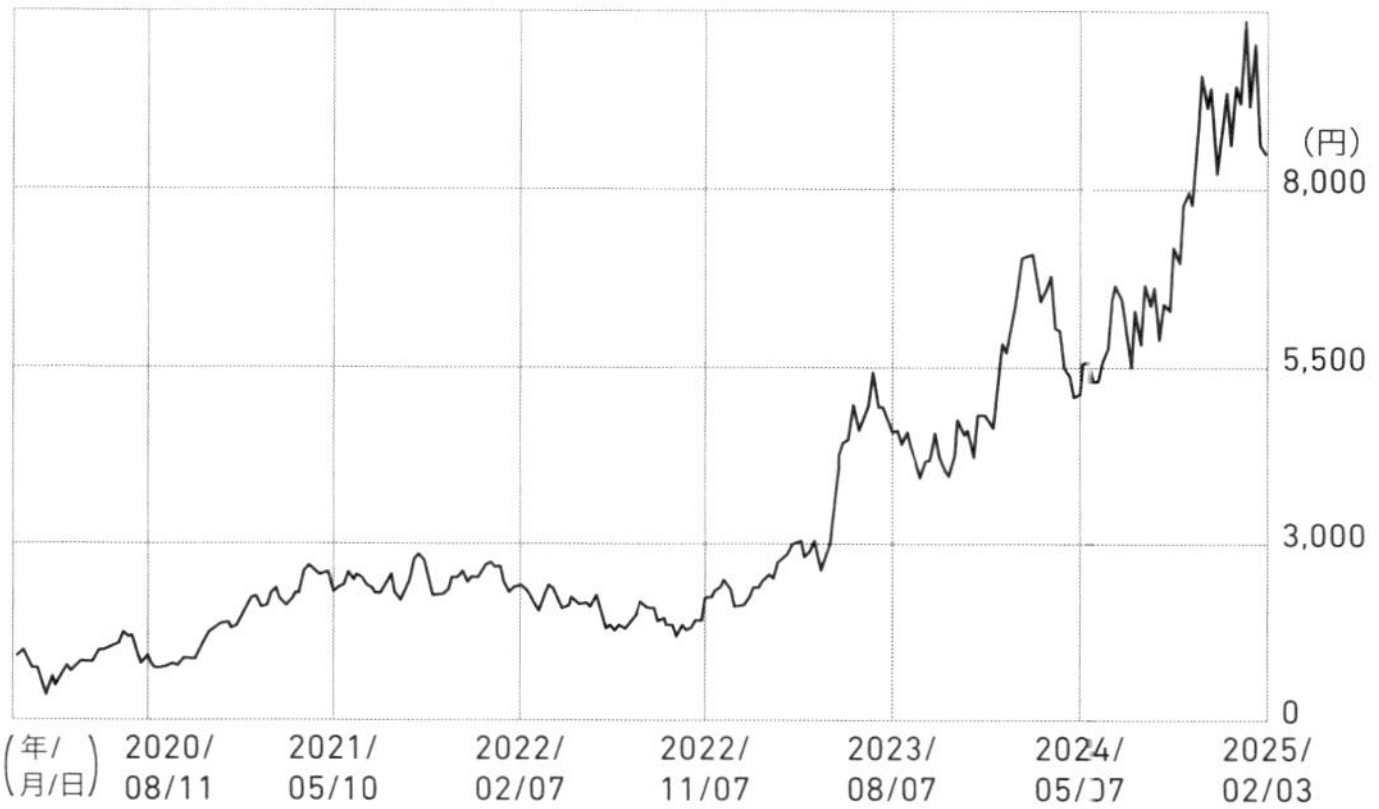

チャート提供：松井証券

界の半導体の市場規模は、２０３０年には２０２１年に比べて１・８倍の１兆ドル（約１５０兆円）へと拡大する予測があるなど、成長が期待されています。

　アドバンテストは、先端半導体分野の先導役で、世界的に注目されている半導体メーカーのエヌビディアとの結びつきが強いことから、株価の動きが他の半導体製造装置関連株よりも堅調となる場面が多く見られています。２０２４年夏には全体相場の下落によって多くの半導体関連株も株価停滞を余儀なくされましたが、同社の株はそこから一段高となりました。この背景にもエヌビディアの好調があります。アドバンテストの検査装置は、複雑で容量の大きい生成ＡＩ向け半導体の量産には必須のものとされています。生成ＡＩ向け半導体に使われるＧＰＵをほぼ独占的に設計・開発するエヌビディアはアドバンテストの検査装置を使い続けているのです。

２０２５年１月７日、米ラスベガスで開催された世界最大のテクノロジー見本市「ＣＥＳ」の基調講演で、エヌビディアのジェンスン・フアンＣＥＯ（最高経営責任者）は、生成ＡＩモデルを利用した新たな生成フィジカルＡＩ（Generative Physical AI）を発表するとともに、トヨタ自動車の高性能次世代車にエヌビディア製の先端半導体である「DRIVE AGX Orin」が採用されることも明らかにしました。この分野の発展はまだこれからだという印象を世界に改めて知らしめたのです。日本の株式市場では、エヌビディアだけでなくアドバンテストへの期待がさらに高まったと思われます。

同社の株価は２０１９年から動きを見せ、コロナ禍後の２０２２年から本格的に上昇を始め、２０２３年からは急角度の動きとなっています。上昇している銘柄にありがちな、利益確定売りや全体相場の波乱をすべて跳ねのける驚異的な動きを続けています。その間には米国政府による半導体装置やＡＩメモリー半導体の中国向け販売規制強化など不安材料もありましたが、株価は短期的な下落にとどまったのです。

もちろんこれだけ上昇すると「もう割高なのでは」という見方も出てきます。確かに割高には違いないのですが、このような成長株は長期間の成長期待を株価が織り込む格好になるため、ＰＥＲ（株価収益率／株価を１株当たりの利益で割った指標）が割安になることはほとんどないと考えるのが適当です。そうした指標が割安を示す時は成長が鈍化する時であり、投資に適当な時期とは言えません。他業種の銘柄と比べることもないでしょう。

株価が上昇しているから、さらに買われる

アドバンテストの株価は、エヌビディアの成長とともに、さらに上昇する可能性があると見ています。成長期待は何にも勝る株価上昇要因なのです。そして「株価が上昇しているから、さらに買われる」ということも忘れてはいけない事実です。

株価が派手に上昇すれば、株式市場での注目度が上がり、多くの投資家の目に入ります。すると、必然的に「いまこの銘柄の株価がすごく上がっている。もう少し上がりそうだから買ってみよう」と株価の動きに魅了される投資家も増えます。勢い、出来高の増加によりさらに上昇し、売買の厚みが増し、高い流動性も評価されることになります。それでさらに多くの投資家に注目され――。

そうなるとしばらくは無敵の状態です。

もちろん、高値の時に信用売りを行う投機的な向きも増えますが、株価の強さに負け、買戻しを余儀なくされ、さらに株価の上昇につながる場面も出てきます。このような需給的な要因による株価上昇は、高い流動性と高い注目度を背景に起こるものです。株式市場では「相場になる」と表現されることもあり、後年まで語り継がれることになります。アドバンテストはそのような銘柄です。

テンバガーを実現するには忍耐力が必要

テンバガーを達成するような銘柄は、程度の差こそあれ、このような無敵状態の期間が形成されるケースが多いように思われます。株価が上昇する前からそれを予見し、買っておくのはかなり難度が高いという認識があると思いますが、それは事実です。

しかし、株価が上昇し、多くの投資家にそれが認知されるタイミングであれば、難度はグッと下がるでしょう。その時点で買い、株価がそこから2倍、3倍に上昇しても持ち続けられれば、テンバガー達成は目前と言えるかもしれません。普通なら、2倍、3倍になった時点で売ってしまいたくなるものです。

テンバガーを達成するような株でも、株価がその無敵期間を過ぎれば、一時的に大きく調整する（下がる）ことはあります。もし、ある程度株式投資の経験があり、投資のタイミングについて自ら判断できるスキルを持っているようなら、株価が調整する付近で一旦売って、再び上昇に転じる時に買えば、より大きな利益を手にすることも可能です。

株価が一度も調整せずに何十倍に上がるケースはほとんどなく、基本的に上下しながら波を打つように上昇するもの。そのため、その波の上下を捉えることができれば、利益を格段に増やすことができます。しかし、それはなかなか難しい……。重要なのはテンバガー（以上）達成まで持ち続けられる「忍耐力（個人投資家の間では、銘柄を握り続ける『握力』と表現されます）」と、株価の上昇がそこまで続かず、完全に失速してしまう前に売ることができる「柔軟な判断力」でしょう。

以下、テンバガーを達成した銘柄の株価チャートを掲載します。どれも、上昇の過程で「無敵状態」に突入し、株価がグンと上がる時がありました。その後の株価の失速の様子も併せてイメージしてください。

◆エムスリー　月足チャート

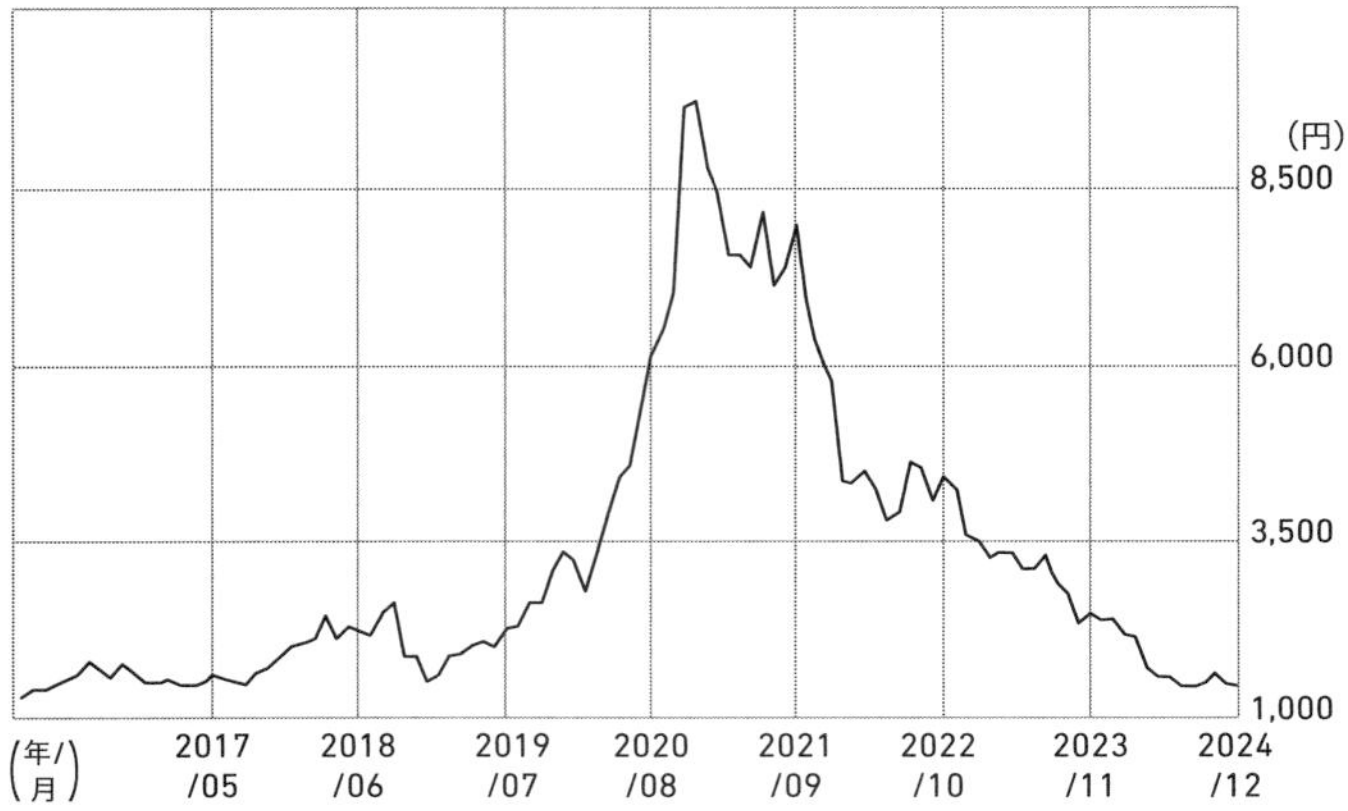

チャート提供：松井証券

◆**エムスリー**（２４１３・東証プライム）

医療関係者向けのプラットフォームを構築し、閉鎖的だった医療や製薬業界に一石を投じた会社です。先行者メリットを大いに受け、医師の登録者のシェアは約９割と圧倒的。コロナ禍の恩恵を受けた企業であり、２０２３年３月期に前期比で減益となるなど反動を受けています。株価は失速しました。

◆**GMOペイメントゲートウェイ**（３７６９・東証プライム）

傘下に複数の上場企業を抱えるＧＭＯグループの会社。ＥＣ（電子商取引）の会社に決済処理サービスを提供しています。アマゾンの決済サービス「Amazon Pay（アマゾンペイ）」も同社のサー

◆GMOペイメントゲートウェイ　月足チャート

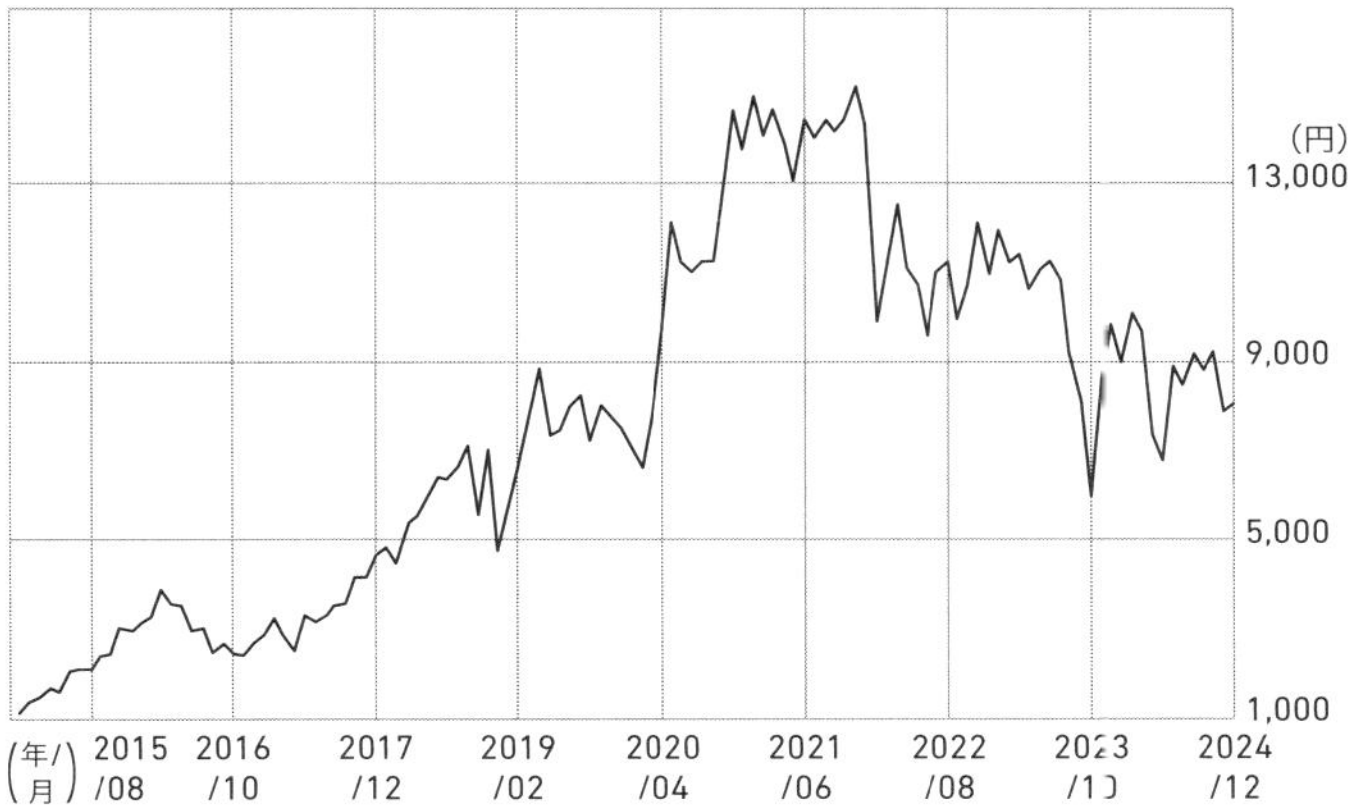

チャート提供：松井証券

◆MonotaRO　月足チャート

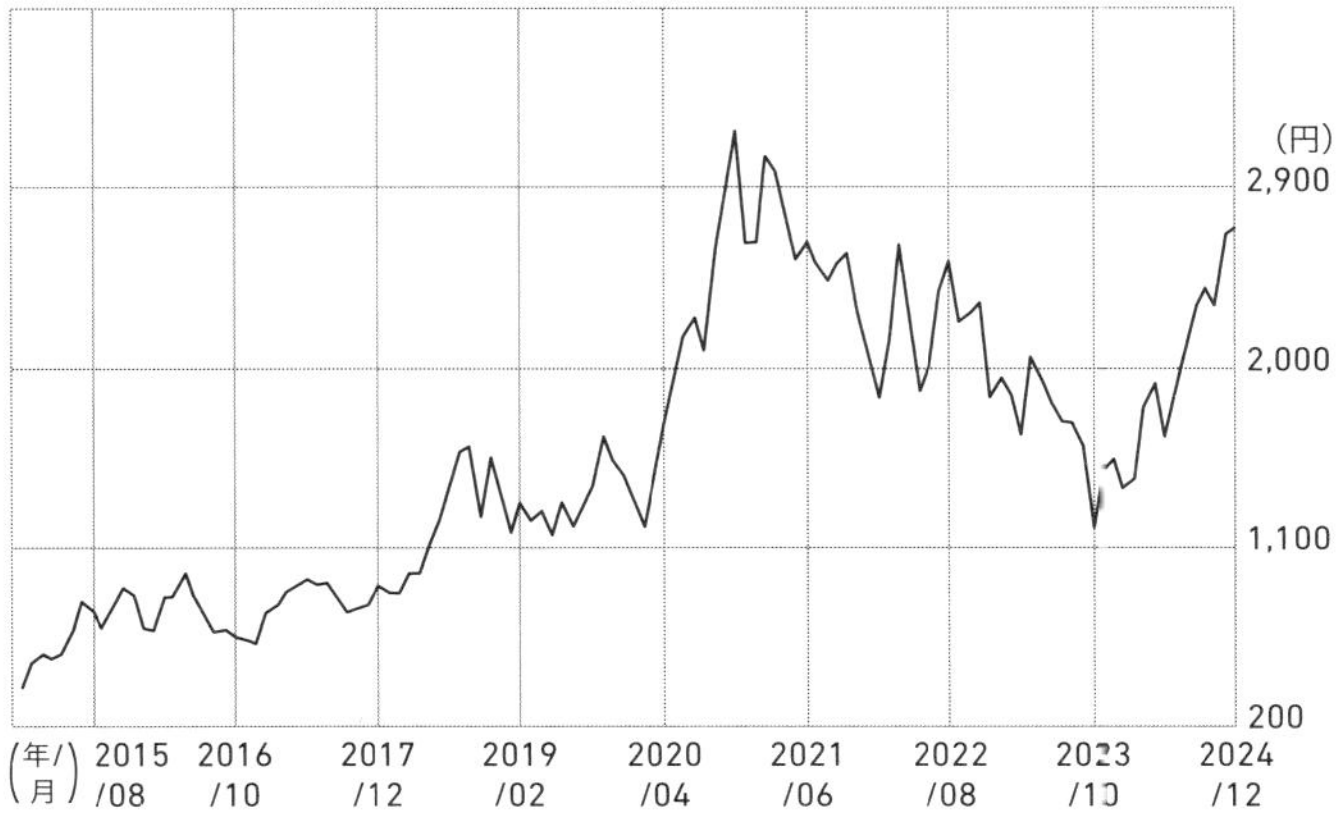

チャート提供：松井証券

ビスを活用しています。コロナ禍での電子決済サービス市場の拡大を受け、業績も順調に拡大中です。ただ、足元は利益成長の鈍化が嫌がられ、株価は失速しました。

◈MonotaRO（3064・東証プライム）

工事現場向けの資材をネット通販する会社で、「工具業界のアマゾン」などと称されます。修理や整備用具の通販という、ありそうでなかったビジネスモデルが人気を博し、株価は2021年までの10年間で150倍以上に上昇しました。その後株価は反転、安局面となりました。

外国人投資家と個人投資家

「外国人投資家」って何？

日々の株価の動きを見ていると、時価総額が数百億円、あるいは１００億円以下のような小型株が「株価上昇率ランキング」の上位に並んでいる景色をよく目にします。これら小型株を売買しているのは、主に「個人投資家」です。

日々株式市場で株を売買しているのは、個人投資家だけではありません。ほかにも、「機関投資家」と呼ばれ、法人として株を売買する主体が存在します。その機関投資家も、いくつかに分けられます。まず、銀行や生命保険会社、損害保険会社、信託銀行などの金融機関。また、投資信託を運用する運用会社もあります。

忘れてはいけないのが「外国人投資家」の存在です。

外国人投資家とは、文字通り外国籍の投資家のこと。外国籍企業を経由していれば、法人も個人も外国人投資家に属することになります。たとえば、海外の年金や資産運用をしている金融機関、さらには「ヘッジファンド」と呼ばれる投機的な株の売買を行う会社など。これらは、すべて「外国人投資家」にカウントされます。

最近ではめっきり耳にしなくなりましたが、日本から外国に拠点を置く金融機関を通して日本株を注文する、いわゆる〝黒い目の外国人〟と呼ばれる勢力の売買も、データ上では外国人投資家として扱われます。

外国人投資家にも2種類ある

では、なぜ外国人投資家の存在を「忘れてはいけない」のか。それは、売買代金の6割から7割を外国人投資家が占めているからです。外国人投資家の日本株の保有比率は、1990年前後からジワジワと上がり続け、リーマン・ショックが起きた2008年を除き、だいたい28〜30％程度で推移しています。

ちなみに、この年は外国人投資家が日本株〝も〟手放したため、23・3％まで保有比率が下がっています。

日本株を保有している比率が3割くらいなのに、日々の売買代金では外国人投資家が6割から7割を占めているのは興味深く、つまりは短期間に頻繁に売買を繰り返す外国人投資家が多いということです。

また、外国人投資家と一口に言っても、その中身は大きく二つに分かれます。一つは、ノルウェーの年金運用団体のような「政府系ファンド」に代表される「長期投資家」。もう一つは、ヘッジファンドのような短期的な利益を追い求める「投機筋」です。

日々の相場欄などをチェックしていると、「外国人投資家の買いによって相場が上昇した」というような解説をよく目にします。ここで言う「外国人投資家の買い」も長期投資家と投機筋に分かれるわけですが、短期的に相場が急上昇するようなケースでは、投機筋が主体となって日本株を買い上げている可能性が高いでしょう。というのも、投機筋は株価が割高か割安かという指針ではなく、株価の動きに乗る形でガンガン売買をしてくるのです。

2024年1月、外国人投資家は、1月の第1週から第4週までで1兆8900億円、約2兆円近くも日本株を買い越し、日本株の上昇に大きく寄与しました。このうち、短期間で売買を繰り返す「ヘッジファンド」の買いがどれだけ入ったのか正確にはわかりませんが、日経平均株価が猛スピードで上昇した理由の一つに、ヘッジファンドによる日本株買いがあったことは間違いないでしょう。あのように上値を買い上げてくるのは、ヘッジファンド以外に考えづらいです。

逆に言うと、ヘッジファンドが上値を買っているような時が、最も株価が上がる時ということにもなります。ただし、彼らは利益が乗ると、すぐに売却して利益を確定するため、その資金が株式市場にとどまることはありません。日本株の短期的な上昇の要因にはなりますが、長期的に株価を押し上げるわけではなく、中長期的にはニュートラルな存在となります。

一方、「長期投資家」は、ヘッジファンドのように、割高・割安に関係なく上値を追うような買い方はせず、相場が下落した時や、業績拡大で割安感が生まれた時などにコツコツと買ってきます。多少相場が上下してもすぐに売却することはありません。経済や投資環境が大きく変化しない限りは、買った株をずっと持ち続けます。

外国人投資家が、大きくその二つに分かれることを知っておけば、「あ、ヘッジファンドが日本株を買っているのだな」など、ざっくりとした見方ができるようになるでしょう。

外国人投資家による「本気の日本株買い」はこれから

先ほど、外国人投資家が、2024年1月に約2兆円近く日本株を買い越したことについて触れました。2023年の1年間では、外国人投資家は3兆1215億円の買い越しだったので、その約3分の2を1か月で買い越したことになります。

あくまで私の経験や肌感覚によるものですが、ヘッジファンドが買ったのは個別の日本株ではなく、日経平均先物でしょう。「個別銘柄を売買する投資信託（アクティブファンド／平均株価を上回る上昇を狙って、個別銘柄を売買するファンド）」は、まだ日本株をそこまで買っていないと見ています。

2024年1月半ばに掲載された大手経済紙のインタビュー記事では、米国の運用会社の

ファンドマネージャー数人が、日本株への見方を述べていました。その段階でも多くが、

「現在の日本の株式市場は世界随一の割安市場」

「いま、多くの海外投資家が日本株を熱心に研究している」

「株価指数は上がり過ぎ。個別企業に目を向ける投資家が増えれば株高が続く」

など、日本株に対して前向きな姿勢がうかがえました。

しかし、2024年8月の急落で外国人投資家にも混乱が生じました。

ただ、彼らには買いの余力が残っています。たとえば、2013年。アベノミクスがスタートした年ですが、この年、外国人投資家は実に15兆円も日本株を買い越しました。また、小泉純一郎元首相が「自民党をぶっ壊す」と主張し、郵政民営化に打って出た2005年から2006年にかけて、外国人投資家は16兆円近く日本株を買い越しています。

一方で、2024年1～11月の外国人投資家の買い越し額は、現物株では6000億円にとどまりました。これが、外国人投資家がまだ日本株を買えていないと考える理由でもあります。

ベンチャー株（新興企業株）の不振が続いた理由

ベンチャー株を狙いがちな個人投資家

株に投資をする最終的な目的はただ一つ、儲けることです。長期投資や短期投資、高配当株への投資、業界や業績の分析・研究、株価チャートの分析など、株式投資にはさまざまな手法がありますが、それらすべてが株式投資で勝つ＝利益を得るためのもの。どれだけ詳細な研究や分析を重ねても、儲けられなければ意味がありません。

また、私は同じ利益を得られるなら、投資する時間が短ければ短いほど良いと考えています。ただ、現実的には、そう簡単ではありません。だから、個人投資家は株式相場のテーマや個別企業の業績などを調べ、半年や1年、あるいは数年先に株価が上がりそうな銘柄を選んで買うわけです。時には状況を見誤って、損切りするケースも出てくるでしょう。これらの過程も、最終的に大きく儲けるために必要なものです。

個人投資家の中には、そうした過程をすっ飛ばして、一気に大儲けを狙う人たちがいます。ギャンブルのように一攫千金の夢を求めて株式投資を行う、投資家というよりは投機家です。彼らが主に狙うのは、時価総額が小さく、創業して間もないような「ベンチャー株」です。

過去のベンチャー株相場は短命に終わっている

投機的な個人投資家が、時価総額が小さい小型株を狙うのは、値動きが荒く、近い将来の株価の急上昇が狙えると考えるからでしょう。短期間で元本が数倍、あるいはそれ以上に大化けする可能性に期待しているわけです。

私は、この部分に大きな間違いがあると思っています。

株式相場の本流にあるような銘柄に投資をすることが、株式投資で勝つためには非常に重要だと考えているからです。その時々で相場の本流に乗っている銘柄であれば、多少は売買のタイミングを見誤ったとしても、大きな怪我をすることは少ないですが、ベンチャー株では、そうはいきません。売買のタイミングを見誤ると、大きな損失を抱えるリスクがあります。そのような銘柄の売買のタイミングは非常に難しく、パソコンのモニターにべったりと張り付き、神経をすり減らしながら取引をする必要があるかもしれません。それでも失敗しないとは言えないのです。

もちろん、個別に見れば、株式相場がどのような状態であるにせよ、短期間で株価が大きく上昇するようなベンチャー株は存在します。ただし、上昇は短期間のうちに終わってしまう可能性が高く、長期間にわたって上昇を続けるような相場にはならないでしょう。「ベンチャー株だから」という理由で買われる相場は、過去にありました。代表的なのが、1990年代後半から2000年代初頭に発生した「ITバブル」です。株式投資をしていない人でも、「ITバブル」の名称くらいは耳にしたことがあるでしょう。ITバブル時には、ITに関連しているという理由だけで買われたのです。しかし、ITバブルは数年で崩壊。IT関連というだけで買い上げられていた銘柄の株価は次々と暴落しました。

その後は、堀江貴文氏（ホリエモン）率いるライブドアが巻き起こした「新興市場バブル」がありましたが、こちらも企業のビジネスモデルや業績ではなく、1株を100株に分割するような「大規模な株式分割」がバブルの引き金になりました。

株式分割にけん引された「新興市場バブル」も、そう長くは続きませんでした。2006年1月、証券取引法に違反した容疑でライブドア本社に東京地検特捜部の強制捜査が入ったことをきっかけに、「新興市場バブル」は崩壊します。

それ以降、「ベンチャー株だから」という理由で買い上げられるような相場はごく短期間を除いて起きていません。

機関投資家はベンチャー株を買わない

ベンチャー株が相場の本流にならない理由の一つに、機関投資家がほぼ買わないことが挙げられます。株価が長期的に上昇を続ける〝本物の相場〟を形成するためには、外国人を含めた機関投資家が買う必要があります。それもヘッジファンドのような投機筋ではなく、長期保有を前提とした買いです。

しかし、創業して間もないベンチャー株が長期保有を目的とした機関投資家に買われることはほとんどありません。そのような機関投資家は、個別企業や業界を調べ尽くした上で投資しますが、ベンチャー株に関しては調査レポートがほぼ出ておらず、調べたくても調べられないでしょう。外国の機関投資家であればなおさらです。

また、機関投資家に海のものとも山のものともしれない、時価総額が小さい会社の株には基本的に手を出しません。仮に、そのベンチャー株がとんでもなく有望だとしても、彼らが買うのは時価総額が５００億円、１０００億円にまで拡大し、多くの調査レポートが出てからでしょう。本当に有望であれば、その時点で買っても十分に利益を得ることができるからです。

ベンチャー株に投資をしているのは主に個人投資家であって、個人投資家の買いだけで長期的な上昇を維持するには、明らかにエネルギー不足。株価が長期的に上昇するには上値を買ってくれる（外国人投資家を含む）機関投資家が必須ですが、ベンチャー株には、その買いの柱が抜けているのです。

短期的に個人投資家の資金によって大きく上昇しても、そこに機関投資家の買いが付いてこなければ人気はすぐになくなってしまうでしょう。結局、株価は急上昇する前の水準に逆戻りすることになります。

また、一度人気がなくなってしまうと、その後、相場全体が上昇しても、そのベンチャー株は反応せず、安値近辺を練るような動きになる傾向があります。株価が暴落した銘柄によく見られる状況ですが、ある程度、株価が反発すると、その銘柄を高値で買った人が「やれやれ、やっと上がってきた」などと考えて売ってくるからです（株用語で「やれやれ売り」と言います）。

王道の銘柄を中心に据える

私は、ベンチャー株のような小型株を中心に据えて勝負するのは難しいと思っています。近年は、王道の株（主力株）が買われ、平均株価が大きく上昇しましたが、それでもベンチャー株にしか興味を示さない投機家を見ると残念に感じるのも事実です。

機関投資家が抱える大きな資金が、主力株の中のどこに向かうかについては、社会や経済状況が変わるにつれて変化します。とはいえ、先のことが全くわからない銘柄に向かうことはありません。現在は、大きな資金が向かう株、つまり機関投資家と個人投資家がこぞって買う王道の株、主力株を中心に考える時です。

ネガティブな情報に振り回されるべからず

人々はネガティブなニュースに影響を受けやすい

日々、さまざまなニュースがあります。それらのニュースのほとんどは、新聞やテレビなどのマスメディアや、ＳＮＳなどを通じて知ることになります。

たとえば、政治に関するニュースや記事ですが、その大半はネガティブだったり、批判的だったりする内容で構成されています。また、現在ではその一次情報をベースに、ＳＮＳやブログなどで自分の考えや分析を述べ、その記事についての発信者（インフルエンサー）の考えを付記するものも多くありますが、やはり多くは批判的スタンスです。

石破首相が何らかの政策を打ち出した時に、X（旧ツイッター）でそれに関する報道をリポストし、それについて「だから石破はダメなんだ」といった批判を繰り広げ、さらにその投稿の内容について「自分もそう思う」などと同調しているのを目にします。

メディアは、基本的にネガティブなことを報じる傾向にあります。

テレビのワイドショーなどは、その最たるものと言えるでしょう。別にワイドショーを批判したいわけではありません。ゴシップネタやネガティブなニュース、政治に対する批判的な議論のほうが、人々の注目が集まりやすいのは理解できます。また、人間の性質として、人々がそのようなニュースに影響されやすいということもわからないではありません。

株価の動きで真実を感じ取る

しかし、それはあくまで一般の人々の考え方、捉え方。「投資家」という視点で考えると話は変わってきます。ネガティブなニュースを見たり聞いたりした時、「それだからダメだ」「そんなに状況が悪いんだから、こうするしかない」などというふうに、自分自身もネガティブな方向に傾いてしまうようでは、投資家として適切とは言えないでしょう。

たとえば、岸田前政権下で発覚した「裏金問題」。仮に違法性がなかったとしても、人々の政治不信につながる問題であり、メディアやＳＮＳなどでも、まるで親の仇でもあるかのように自民党が叩かれました。

政治というのは常に叩かれる存在であり、どんな局面においても、国内外の人たち全員から、「この政権の政治は非の打ちどころがない」などと手放しで称賛されることなど、この先もないでしょう。これらの「政治叩き」を目にして、「だから政治家は信じられない」となってしまうのも仕方ないかもしれません。

ただ、自分が投資家として利益を得ようとするなら、ネガティブな情報に対して「本当にそうなのか？」「その情報は正しいのか？」と考える必要があります。

そして、その答えは株価が握っています。

株価がネガティブな反応を示さなければ、その情報はネガティブではないという考え方です。

「増税するのでは？」と疑念を抱かれている石破首相ですが、株価の動きはどうでしょうか？　自民党総裁選直後の急落がありながら、現行水準を日経平均は維持しているのです。

◆NEXT FUNDS 日経平均ダブルインバース・インデックス連動型上場投信（1357・東証ETF）月足チャート

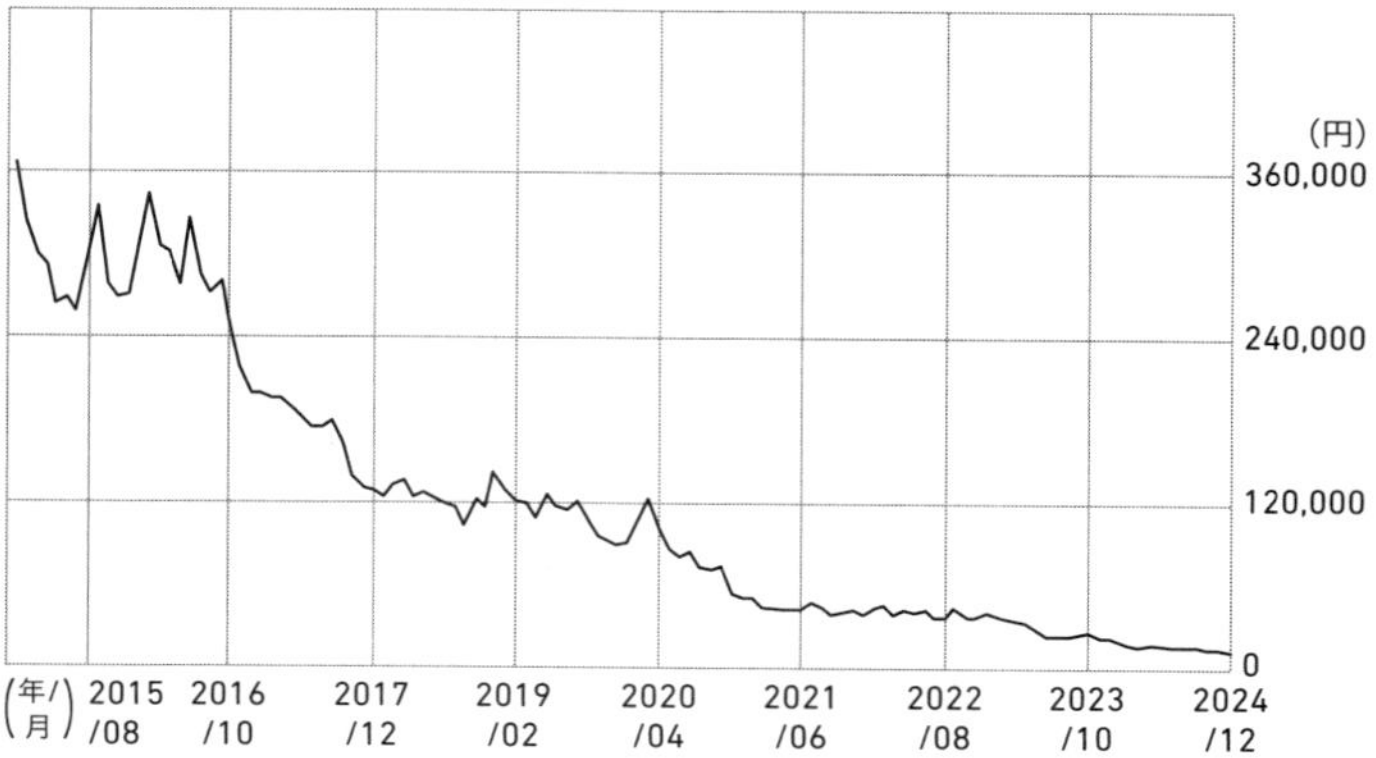

チャート提供：松井証券

投資家として大事なのは、「株価の動きで真実を感じ取ること」です。もし、石破政権の政策が株式市場にとってネガティブ、マイナスなものであれば、株価はさらに下がっているはずです。そうなっていないのは、政策が株価にとってプラスに働いているか、少なくとも大きなマイナスに働くものではないということです。株価に政治的なバイアスはかかっていません。

もし、批判的な意見に同調し「株価は下がる」と踏んで、日経平均が下がれば値上がりする「ダブルインバースETF」を保有し続けていたら、目も当てられないことになっているのです。これが現実です。

株価が動いていく方向が正解

政治やゴシップネタ、その他の事象に対して、どのような考え方を持つかは、その人の自由です。ただ、投資家は物事に対する良し悪しの基準を、そのニュースに対して株価がどう動いているかに置くべきでしょう。世間一般ではネガティブに捉えられていることでも、株価にとってマイナスに作用していないのであれば、投資家にとってもネガティブではないのです。

別に、「自身の信念を曲げろ」と言っているわけではありません。ニュースやSNSで出回るネガティブな情報を見た時に、「本当にそうなのか?」という感覚を常に持ち続けていることが大切だと言いたいのです。

そして、「本当にそうなのか?」という問いに対する答えは、投資家であるならば、株価の動きに求めるべきでしょう。何らかのネガティブなニュースが出回った時、株価が下がっていないなら、株式市場にとっては大した影響はないということ。投資家にとっては、株価が動いていく方向が正解です。

第四章 >>>

金投資の
ポイントを
わかりやすく

ドル建てと円建て、意識するのはどっち

株に比べると金の情報は少ない

第二章では、常に世界のどこかに不穏な動きがあって、それを背景に金（ゴールド）の価格はゆっくりと上昇を続け、長期的には3万円に向かうと述べました。金への投資は、長期的にあなたの資産をしっかりと下支えするでしょう。

金は、5000～6000年前から人々をその輝きで魅惑し、宝飾品や通貨などに用いられてきました。金の魅力を語る上で最大のポイントは、その「希少性」にあります。

金の国際的な調査機関であるＷＧＣ（World Gold Council）によると、これまでに産出された金の総量は約20万トンだそうです。これは、オリンピックの競技用プールで３杯ほど。かつては１杯分と言われていたので、増えています。ただ、少ないことに変わりはありません。

宝飾品としての金を知らない人はいないでしょうが、ほかにも金は電子部品に使われています。錆びにくく、電気を通しやすい上、加工しやすい性質も持つからです。代替として他の金属が活用できないか、世界中で研究が行われていますが、現状では金に取って代わるような金属は見つかっていません。そのため、スマホやパソコン、テレビのほか、ありとあらゆる電気製品の中の電子部品に金が使われています。しかし、金の総量自体は変わりません。だから、金はいつまで経っても価値が高いものとして扱われるのです。

余談ですが、人類は古くから別の物質を金に変える、いわゆる「錬金術」に取り組み、失敗してきました。実は、現代の科学をもってすれば別の物質から金を生成することは可能だそうです。ただし、生成される金の価値を大幅に超えるコストがかかるため、誰もやらないのでしょう。

金への投資は、株式投資ほどメジャーではありません。そのため、株と比べると情報の量もかなり限られています。それだけに、チェックすべきところはきちんと押さえておくことが重要です。

ここからは「金価格の情報はどこで見ればいいの？」「相場の動きについて知りたいのだけれど、何を見ればいい？」「そもそもどこで買うの？」など、金投資に関する基本的な事柄について述べていきましょう。

日本のニュースで報じられる金価格は「円建て」のもの

昨今の金価格の上昇を受けて、街中に金の買い取り店があふれるようになりました。テレビ番組で、ネックレスやイヤリングなどの宝飾品を売りに来た人にインタビューをしているシーンを見たことがありませんか？　金価格が1グラム8000円、9000円など節目の価格を突破すると、ニュースでそれが報じられると同時に、「金の買い取り店に行列ができている」として、買い取り店の前に並ぶ人を写したり、インタビューしたりするわけです。

金価格は2023年8月、史上初めて1グラム＝1万円を突破しましたが、その際も同じような取り上げ方がされました。

◆金現物のドル建て・円建ての値動き比較チャート

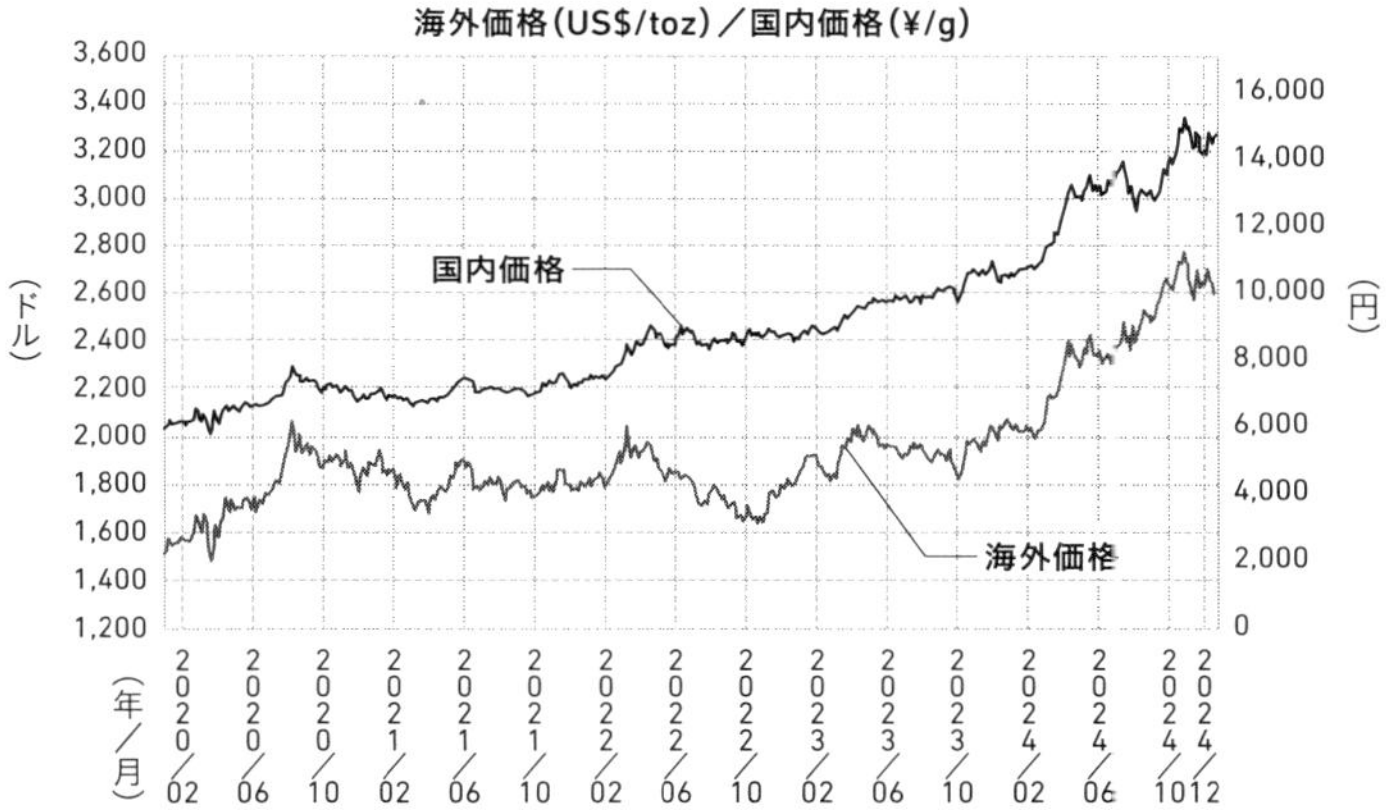

MITSUBISHI MATERIALS GOLDPARK「金価格推移」をもとに作製

しかし、金価格については気に留めておかなければならないことがあります。それは、「初めて金1グラムの値段が1万円を突破した！」というニュースは、金価格を「円建て」で示していることです。金価格には、「円建て」のほかに「ドル建て」があり、双方は異なる値動きをしているのです。

上図は、金価格のドル建てと円建ての値動きを表したチャート。ドル建ては1toz当たり、円建ては1グラム当たりの販売価格（税込み）です。これを見ると、2022年3月あたりから、円建て、ドル建ての値動きが離れていることがわかるでしょう。

ここまで大きな差が出ている理由は、「円安」です。

◆ドル／円相場　週足チャート

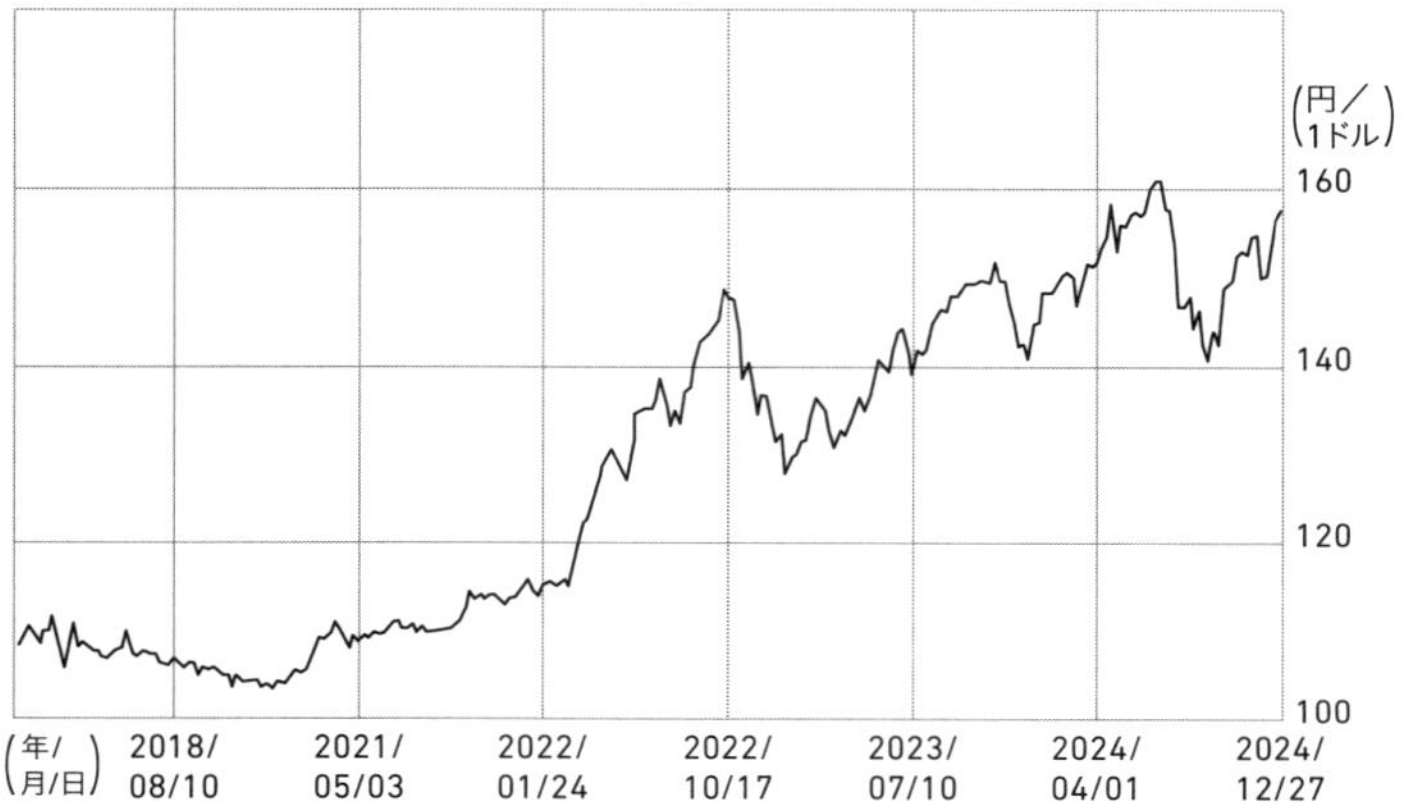

チャート提供：松井証券

ニュースなどで報じられる「金が1グラム○○円」という数字は、すべて「円建て」のものです。そして、円建ての場合、当然ですがドル／円相場が大きく影響します。

ドル／円相場は、2022年3月頃から急速に円安が進みました。ここ1～2年の物価高が円安によるものと理解している人は多いと思いますが、金価格についても同様です。世界での金取引はドル建てで行われているため、円安が進めば、「円建ての金価格」は上昇します。

戦争やその他の「不穏なこと」が起きる（あるいは起こりそうになる）と金価格が急上昇する局面はありますが、本来、金価格はあまり値動きが大きいものではありません。それは、前ページのチャートの「海外価格」の値動きを見ても、おわかりいただけるでしょう。

ところが、そこに「ドル／円相場の変動」が加わると、「円建て」の金価格が大きく変動することがあります。つまり、「円建ての金価格」の値動きは、金そのものの価格の変動を表しているわけではないということ。金価格の本当の推移は、ドル建てでチェックすることになります。

チェックすべきは「ニューヨーク金先物」

金の「現物価格」の国際的な指標は、ロンドン市場の「ロコ・ロンドン」と呼ばれる価格です（ロコ・ロンドンは、「（輸送費や保険料などを一切含まない）ロンドンでの取引価格」という意味）。

金価格には、現物のほかに「先物」があり、こちらはニューヨーク商品取引所の価格が指標になります。

投資をこれから始めようという人にとって「金には現物と先物がある」などと言うと、混乱するかもしれません。

しかし、考えてみてください。日本株には4000ほどの銘柄があります。銘柄選びが面倒という人は、投資信託やETFへの投資を選ぶかもしれません。投資信託協会によると、2024年2月現在、6000本近い投資信託があるそうです。株にせよ投資信託にせよ、結局は、膨大な数の銘柄から自分の目的やテーマに合った銘柄を選ぶことになります。

一方、金について覚えておくことは、「現物」と「先物」の2銘柄のみ。それも、日々の金価格の動向を見るのは「先物」の1銘柄で事足ります。先物価格がより重要なのは、現物市場より先物市場の取引額が圧倒的に多いからです。

ここまでの話をまとめてみましょう。

・金にはドル建て価格と円建て価格があるが、推移を見る時は「ドル建て」価格が適切
・国内で報じられているのは主に「円建て」価格
・円安によって「円建ての金価格」が上昇している側面がある
・金価格のチェックはニューヨーク先物市場を見る

金投資を始めるために必要な前知識はこれくらいでしょう。あとは、第二章で述べている「金は不穏な動きが大好き」という根本的なことを理解していれば十分です。

金価格の情報はどこにある？

金取引の専門的な情報は限定的

金投資で最も重要なのが、価格自体の情報でしょう。先ほど「金価格はニューヨーク商品取引所の金先物が基本」ということをお話ししました。最近では、金先物の価格やチャートが見られる証券会社のサイトが増えてきました。また、「金先物　価格」あるいは「金先物チャート」と検索すれば、すぐに価格を調べることができます。そこまで詳しくはありませんが、日経新聞のサイトでもマーケット情報の「商品」欄で金先物の情報をチェックすることが可能です。

また、金取引で国内大手の田中貴金属や、純金積立で有名な三菱マテリアルなどのサイトでも、金価格のほかに金投資に関する情報を見られます。ただ、そうした会社のサイトは、基本的に「金を販売する」ための作りになっています。その点は認識しておくべきでしょう。

金投資と聞くと、「金地金《じがね》や金のコイン」をイメージする人が多いでしょう。「金地金」とは、いわゆる「金塊《インゴット》」のこと。映画のお宝シーンなどで出てくる金の延べ棒などのことです。保管しやすいように成形され、流通している金地金には、管理用の番号や商標などが刻印されています。

販売会社で金の現物を購入すると、年会費や購入手数料がかかる場合がありますが、もっと手軽に金に投資することができる商品があります。これについては後述します。

≫「地政学的な情報」で金の値動きを考える

金価格の推移を専門的に分析するようなサイトの数は限られています。また、ここまで何度か指摘したように、通常、金価格自体はそこまで荒っぽい値動きをするものではないため、

1日に何度も価格をチェックする必要はないでしょう。

金投資で重要なのは、「長期的な視点」です。

金価格の値動きに関する専門的な情報は限られていますが、金価格の重要なファクターとなる情報、つまり「地政学的な情報」については、テレビや新聞、雑誌、インターネットなど、さまざまな情報源が存在します。

たとえば、「ロシア・ウクライナ戦争の状況」や「イスラエルとパレスチナの武装組織ハマスとの紛争」などが、金価格に影響を与える、つまり世界に「不穏な状況」を広める要因と言えそうです。ほかにも、北朝鮮の動向、紅海の海賊による海上封鎖など、いくらでも挙げられます。

ニューヨークの金先物価格は2023年10月頃から急反発しました。これは、イスラム組織ハマスがイスラエルを攻撃し、それにイスラエルが反撃した時期と一致しています。この両勢力の衝突が「不穏な動き」と思われ、金が買われたと言っていいでしょう。

もっとも、金先物価格は2023年12月以降、狭いレンジで推移しています。ハマスとイスラエルの衝突、それ以前から続いているロシア・ウクライナ戦争はまだ終わりが見えない状況です。この状況を金価格の動きを通して説明すると、世界の投資家は「この二つの衝突、戦争はこれ以上深刻化しない＝いま以上に不穏な動きとはならない」と考えていることが推測できます。

先に指摘したように、ハマスとイスラエルの衝突が、イランとイスラエルの直接交戦につながり、さらには、「第五次中東戦争」に発展すると、金は買われる可能性が高いでしょう。

また、第二次トランプ政権による米国の政治状況も金価格に影響すると思われます。世界の安全保障に関するものだからです。要は、「トランプ政権の動き自体が地政学的リスク」と言うことができるのです。

このように、金取引では、金価格を通して世界の「不穏な動き」の状況を知ることができる一方、さまざまな「不穏な動き」に関するニュースが金価格に影響します。

国内外の経済情勢、政治状況、地政学的な情報など、さまざまなことに対してアンテナを張る必要があります。

やはり金価格の動向を握るのは「不穏なこと」

ほかに、金価格は需給の増減によって上下します。需要の約半分は宝飾品向けで、２割が各国の中央銀行による購入、2割が投資（投機）、残りの1割弱が電子部品です。前出の金の国際調査機関WGCによると、2010年代以降、各国の中央銀行による買いが増えています。また、中国やインドなどの経済成長によって、富裕層や中所得者層が増えていることも、金の需要増加につながっているようです。

金の宝飾品を身につけることはステータスになる側面があり、中国やインドでもその傾向があることから、今後、金の需要が大幅に減ることはないでしょう。したがって需給面では、金価格の大幅な下落をあまり心配する必要はなさそうです。電子部品向けは1割弱と比率が低いので、どれだけ需要が高まっても、金価格への影響は限定的と思われます。

金価格の動向のカギを握っているのは、やはり「不穏なこと（地政学的リスク）」なのです。

金はドル安に転じるとさらに注目される？

為替相場の動きを予想するのは困難

本章の「ドル建てと円建て、意識するのはどっち」でお話ししたように、「円建て」の金価格は、ドル／円相場の動きに大きな影響を受けます。

では、今後のドル／円相場はどのように動く可能性が高いでしょうか？

為替相場の値動きを予想するのは、非常に困難です。というのも、為替相場は経済や政治、地政学的な情報などさまざまな要因が絡み合って動いていくものだからです。

よく年初に、大手経済紙や雑誌などが「○○年の為替相場の予想」として、複数の著名エコノミストに為替相場の動きを予想させていますが、ピタリと言い当てる人はほぼいないですし、仮に言い当てたとしても偶然性が見え隠れします。それだけ、為替相場の予想というのは難しいのです。

これからはドル安・円高に動きやすい？

「なんだ、為替相場は予想できないのか……」などと諦めてしまいそうな読者に朗報です。実は現在、（ドル／円相場に関しては）過去と比べてわかりやすい局面かもしれません。

2か国間の為替相場は、それぞれの国の政策金利に大きく影響されます。細かく見ると、そうはなっていない時期もありますが、為替相場の解説はほぼ「金利差」が意識されています。投資家も、「日本と米国の金利差が広がればドル高／円安、縮まればドル安／円高に動く」と考えるからです。

それを現状に当てはめてみると、米国は昨今の急速なインフレ（物価の上昇）に対応するため、歴史的なスピードで政策金利を上昇（＝利上げ）させてきました。しかし、インフレの収束を見越し、ＦＲＢは政策金利の引き下げ（＝利下げ）に転じています（注：インフレ再燃となれば利下げはストップする公算大）。

一方、日本の中央銀行である日銀は、１９９１年の不動産バブル崩壊以降、金利の引き下げを続け、１９９９年からは金利ゼロの「ゼロ金利政策」を続けてきました。金利をゼロにすることによって企業が資金を調達しやすくして、景気を上向かせ、デフレ（物価の下落）経済から抜け出そうとしたのです。

それから30年が経過し、日本経済は世界的なインフレの影響もあって、物価が上昇に転じ、ようやくデフレから抜け出すことができそうです（政府や日銀は、まだ「デフレからの脱却宣言」はしていませんが、実質的には抜け出したようなものです）。

そうなると、今度は日銀のターンです。日銀はゼロ金利を解除し（ゆっくりとしたペースになると思いますが）利上げに動き始めています。

高金利の米国が利下げし、低金利の日本が小幅であっても利上げを行う。これは、「両国の金利差が縮小」することにほかなりません。つまり、これまでのドル高／円安からドル安／円高に転じやすい状況になるということです。

ただ、金投資は短期間に「安い時に買い、高い時に売る」というような、タイミングを重視する性質のものではありません。そのため、「円高が進んで、その側面からは円建て金価格の下げ圧力となるから、金に投資はできないのでは」と神経質に考えることはありません。為替動向は本質的に不透明なのです。

そうは言っても、急な円高進行時に円建てで金投資を行うのは、スマートなタイミングでないことは確かです。日米の金融政策に変化が生じ、為替相場の動きが落ち着いてから買いに出るのも一手です。

金の「現物投資」とは何か

多くの人々を魅了する金現物

金に「先物」投資と「現物」投資があることについては、ここまで少し触れてきました。ここでは、「先物」に加え、金の「現物」投資について、もう少し詳しくお話ししたいと思います。

金に限らず先物投資とは、目の前の価格で売買するのではなく、先々の価格を予想し、その価格で買う（売る）「権利」を売買すること。ほとんどの場合、個人投資家は期限（＝限《げん》月《げつ》）が来るまでに権利を手放し、差額による利益を得ることになります。金の先物投資に関しては、国内の業者だと元金に対してレバレッジ（元金を担保に大きな金額で売買する時の倍率）30〜40倍の取引が可能ですが、最大で半年間のうちに取引を終了する必要があるので、「投資」ではなく「投機」的な取引と言えます。

金価格は本来ゆっくりとした値動きですから、あまり投資の経験や知識がないうちに、あえて金先物に投資をすることには慎重になりたいです。

さて、「金の現物投資」についてお話しします。

金の現物投資とは、金地金などを直接買うことです。どちらかと言うと、「金に投資する」ことを考えた時、最もイメージと合致するのが、この「現物投資」ではないでしょうか。金を取り扱う業者の中には、実際に金地金（金の延べ棒／インゴット）に触れることができる店舗もあります。

もちろん私も、金地金を手に持ったことがあります。大きさに比べ驚くほど重く、さらに妖しく輝くその魅力を肌で感じました。1キログラムのインゴットは、現在の価格に換算して1500万円ほどです。金はこれまで、多くの人を魅了したものですが、実際に持ってみると、取りつかれそうになる気持ちも理解できます。

金の現物投資の注意点

金の現物は1グラムから購入することができます。少量の購入には、地金のほかに金貨（コイン）もあります。ただ、金の現物を自宅で保管していると盗難や紛失の恐れもあるため、セキュリティにやや手間がかかります。銀行の貸金庫を利用する手もありますが、やはり手間がかかることには変わりありません。

いまは、金地金を、インターネットで購入し、販売業者の保管サービスを利用することが可能なので、自宅に適切な保管場所がなくても、安心して金を保有できるでしょう。業者によっては保管料がかかりますが、盗難や紛失のリスクはなくなります。

金の現物を購入する時に注意したいのは、まず地金や宝飾品の形で購入する際には消費税がかかること。また、売却して利益が出た場合は、所得税などの税金もかかります（保有の形態によってかかる税金の種類は変わります）。

ここまで説明すると、「で、どこで購入すればいいの？」という質問が飛んでくるかもしれません。株の場合は、「ネット証券大手なら、どこでもOK」と答えましたが、金についても答えは同じです。「田中貴金属や三菱マテリアルなどの金を取り扱う大手企業ならOK」でしょう。

また、金の購入については、少しずつ金を積み立てる「純金積立サービス」を利用するのも一手。いま流行《はや》りの「つみたてNISA」と似たようなもので、毎月一定金額を金に投資するサービスです。こちらも保管場所は必要なく、前述の田中貴金属や三菱マテリアルでは、毎月3000円から積み立てることができます。

ただし、純金積立には「積立手数料」がかかるほか、積み立てた金（5グラム単位）を引き出す際にも別途手数料が必要です。株の世界では1999年の金融ビッグバン（金融・証券市場の改革）以降、証券会社の手数料引き下げ競争やサービスの拡充が行われてきました。一方、金の投資にはいまだにさまざまな手数料がかかります。これも、金への投資を短期ではなく、長期的な視点で行う理由の一つです。

≫金の現物は「世界共通の価値」を持つ

金は、世界中で共通の価値を持つ資産として、多くの人々を魅了し続けています。仮に、〝経験したことがない大きな危機〟が発生し、国を捨て海外に逃げなければならない事態に陥ったとします。そのような時に、通貨が価値を維持できるかどうかは不明です。ただの紙切れになる可能性がないとは言えないのです。しかし、金は世界中どこでも等しい価値で換金することができるでしょう（もっとも、この仮説は極端であるものの）。金地金やコイン、あるいはネックレスや指輪のような宝飾品でも同様に換金できるでしょう。

世界共通の価値を持つもの。それが金の現物です。

いまの金投資の主流は「金ETFを保有すること」

個別の株と同じように売買できる「金ETF」

金現物への投資は確かに魅力的です。とはいえ、保管や売買にかかる手間、手数料などを考えると、金現物への投資には積極的になれないと考える人もいるでしょう。むしろ、そう考える人のほうが多いかもしれません。

しかし、家の金庫で金地金を保管するのは昭和の時代まで。令和（正確には、金ETFが初めて東証に上場した平成20年）の世の中では時代遅れと言えるかもしれません。というのも、いまはインターネット取引で「金ETF」を買うことができるからです。

ETFについては、第三章である程度説明しました。ETFは「上場している投資信託」のことで、金価格に連動して価格が上下し、株の個別銘柄と同様、証券会社のサイトやトレードツールを使って売買することができます。つまり、「金ETF」も株の個別銘柄と同じように売ったり買ったりすることができるということ。保管料はかからず、売買手数料も証券会社の委託手数料に準じていますので、証券会社によっては手数料ゼロで売買することも可能です。

さらに、実際に金の現物を保有するわけではないため、管理コストも不要なうえ、もちろん盗難や紛失のリスクもありません。金ETFの値動きをリアルタイムで見ながら取引できるのもメリットと言えるでしょう。デメリットと言えば、株式のETFと違い配当が付かない（そもそも金投資に配当はありません）ことや、現物を引き出すことができないため、直接金に触れることができないことくらいでしょう。

先ほど紹介した金の先物取引に比べると、元金に対して大きなレバレッジをかけることはできませんが、個別銘柄と同じなので、信用取引（現金や口座に預けている株券を担保に証券会社からお金を借りて投資する手法。最大で元金の3倍超の取引が可能）を活用することもできます。

金ETF「SPDRゴールド・シェア」でいい

金投資のメリットは、「有事の金」と呼ばれるように、戦争やインフレなどのリスクに強いことです。金ETFへの投資は、実際の金の輝きを目にできないことを除けば、金投資のメリットを十分に受けることができます。

現在、東証に上場している金ETFは以下の4銘柄です。

◆**SPDRゴールド・シェア**（1326・東証ETF）
◆**NEXT FUNDS 金価格連動型上場投信**（1328・東証ETF）
◆**純金上場信託**（現物国内保管型、1540・東証ETF）
◆**Wisdom Tree 金上場投資信託**（1672・東証ETF）

ほかにも、関連銘柄として金鉱株や海外の金ETFなども挙げられますが、ここでは東証に上場している銘柄のみを取り上げます。

前記4銘柄のどれを買っても大きな問題はありませんが、流動性（日々の出来高）が高く、ドル建てで、ロンドンの金現物の価格に連動する「SPDRゴールド・シェア」がベターでしょう。このETFは世界の主要市場に上場していて、世界中の投資家が売買する「世界最大の金ETF」。ETFの発行額に応じた金の現物を保有しているので、信用力も十分です。

もちろん、野村證券の「NEXT FUNDS」シリーズや、三菱UFJ信託銀行が管理する「純金上場信託」に不安があると言っているわけではありませんが、流動性その他を総合的に考えると、「SPDRゴールド・シェア」に目がいきます。

ちなみに、前記4銘柄の中で「純金上場信託」のみ、金の現物との交換が可能です（SPDRゴールド・シェアは、米国内では金現物との交換が可能ですが、日本では不可）。もし、金に長期的に投資を続け、ある程度まとまった規模になった時、金の延べ棒に頬ずりしたいという願望があるなら、純金上場信託を買うのもいいでしょう。

もっとも、金への投資を考える人の大半は、普遍的で世界共通の価値を持つことに魅力を感じると同時に、「金価格は今後も上がりそうだから」との理由があるのではありませんか？

持っている金の延べ棒をアタッシェケースに詰め込み、慌てて海外に逃亡することをイメージして買う人は、おそらく日本人にはいないはずです（もしかしたら、海外の資産家にはそのような想定をする人がいるかもしれませんが）。そうであるなら、金の現物を保有する必要はないでしょう。ネット環境さえあれば、毎日、どこにいても売買できる金ＥＴＦが、お手軽と言えるのです。

金投資は、ますます「金ＥＴＦ」が主流になっていくでしょう。

タイミングに賭ける金先物投資

株も金も永遠に上昇を続けることはない

177ページで、金価格には〝現物〟と〝先物〟の2種類があり、「ニューヨーク商品取引所の価格が指標になります」と述べました。ただ、これは金価格の情報について述べただけで、「金に投資するなら先物がいい」と言っているわけではありません。先物取引の場合、買ったポジションは短期間で手仕舞うことになるため、どうしても「投資」ではなく「投機」的な色合いが濃くなることも理解しておきましょう。

「先物取引」がどういうものか、簡単に説明しておきましょう。

先物取引とは、前述の通り将来の価格で買う（売る）「権利」を売買する取引です。ほとんどの場合、個人投資家は期限（＝限月）が来るまでに権利を手放し、差額による利益を得ようと考えて取引します。つまり、金の現物が欲しいわけではなく、先々の値動きを予想し、買ったり売ったりして儲けようとするわけです。

先物取引の魅力は、主に、

・元金に対してレバレッジ30〜40倍の取引が可能

・売る取引が可能（値下がり時に差金決済による利益を得る）

ことでしょう。売りからも入れる仕組みは、株式投資の「信用売り」と同じです。先々の価格が下がると考えた時は、その時に売り、実際に価格が下がったところで買い戻せば、その差額が利益になります。たとえば、1000円で売り、800円で買い戻せば、差額の200円が儲けです。

保有していないものを「売る」という行為に違和感を覚えるかもしれません。しかし、株にしても金にしても、すべての金融商品の価格が永遠に上がり続けることはありません。どんな強気相場でも、価格は上下しながら上がっていくものですし、いつかは必ず下落に転じます。また、弱気相場が長期間続けば、買い一辺倒では儲けづらいのは事実です。

そんな時に、先物取引の売りや、信用取引の売りなど「価格が下がれば儲かる」システムを利用するのは、理にかなっています。

「投機」はタイミングが命

金は値動きが比較的緩やかな商品です。そして、私は「今後、金はゆっくりと1グラム＝3万円の大台を突破する」と考えています。そのため、基本的には先物取引ではなく、現物やＥＴＦへの投資による長期保有をおすすめします。

ただ、一つの銘柄の値動きをじっくり観察し続けていると、「何かが起こったら、価格が動きやすくなる」など、値動きのポイントが何となく見えてくるようになります。これは金だけではなく、株式についても言えることです。また、長期的な視点だけではなく、短期的な視点に関して見えてくるものもあるでしょう。

いまで言うと、米国のＦＲＢの利下げや日銀の利上げです。ドル／円相場では、ドル安／

円高が進む可能性が以前よりも高くなっています。急なドル安は、「米ドルの基軸通貨としての信頼度の下降＝不穏なこと」であるため、ドル建てで考えた場合、金価格は値上がりするかもしれません。ただ、同時にドル安は円高でもあるため、〝円建ての〟金価格はドル建てほど上昇しないことにもなります。

このように、経済情勢、あるいは政治や社会の情勢から、価格の上下が起こる可能性が高いのであれば、金先物投資で短期的な取引を仕掛けてみるのもアリでしょう。

ただし、先物取引のような短期的な「投機」は、タイミングがすべてと言っても過言ではありません。それを見誤ると、低くない確率で負けてしまうでしょう。タイミングが命なのです。

注意したいのは、先物取引の場合、同じポジションを持ち続けることができず、短期間で反対売買をしなければならないことです。期限を迎えるまでに買いで入ったなら売り、売りで入ったなら買い戻す「反対売買」をしなくてはなりません。

先物取引の場合、期限ぎりぎりまでポジションを持ったままでいるのではなく、大半のケースでは余裕を持って反対売買をすることになります。また、株の信用取引と比べて、先物取引は元金に対して取引できる金額の倍率が高いため、高い倍率をかけて臨んでいる場合は、資金急増もしくは急減につながることもあるため、売買のタイミングをよりシビアに考える必要があるでしょう。

金投資とビットコイン

ビットコインは金と同じ性質を持ちつつある

2021年、当時のFRB議長ジェローム・パウエル氏は、国際決済銀行（BIS）が主催するイベントでこう述べました。

「ビットコインのような暗号資産（仮想通貨）は非常に価格が変動しやすく、（資産的な）裏付けもないため、価値を保存する手段としては役に立たない」

「ドルの代わりというより、金の代わりになるものである」

一見、ビットコインを否定する意見のようですが、ビットコインが金の代替になり得ることを認めたとも捉えることができます。

ビットコインは、暗号資産を代表する銘柄です。2025年1月現在、1ビットコインの価格はほぼ1500万円超と高値で推移していて、時価総額ベースでは暗号資産全体の半分以上を占めています。

値動きの推移を見ると、2017~2018年に第一次ブームとなり、続いて2021年には第二次ブームが到来。2022年は低迷していましたが、2023年には第三次ブームと呼べるバブル的な相場が訪れ、2024年にさらに価格が上昇しました。

米国の証券取引委員会（SEC）は2024年に入って、業界が大注目していた「ビットコイン現物のETF」の上場を承認しました。ビットコイン先物のETFは2021年に上場を果たしていましたが、当初、現物のETF上場に関してはSECが難色を示していたため、上場までに時間がかかったのです。

SECによるビットコインETFの上場承認は、ビットコインが上場審査を通過し、金融資産として正式に認められたということです。

金のETFが初めて上場したのは2004年11月。上場した銘柄は、本章で紹介した「S

ＰＤＲゴールド・シェア」です。金ＥＴＦの上場によって、金への投資がより身近になり、幅広い人が投資する対象になりました。ビットコインも、ＥＴＦの上場によって、やはり投資対象として身近なものになるでしょう。

ここで、本項冒頭のパウエル議長の話に戻ります。従来、ビットコインは金と同じような性質を持つと考える人が一定数いました。「同じような性質」とは、

・（ネット環境さえあれば）世界中で取引できる＝どこでも換金できる
・自国通貨の信頼度が下がっても、ビットコインの価値には影響しない

この2点で、ビットコインは金に近いものになりつつあることは確かです。現物ＥＴＦの承認によって、さらに金に近付いたと言えるでしょう。トランプ大統領も大統領選の中で、ビットコインに対し肯定的な発言を繰り返していました。

ビットコイン以外の暗号資産は全くの別物

かつては私も、「ビットコインなんて数字が動いているだけで、何の裏付けもないじゃな

いか」とまともに捉えない時期がありました。しかし、昨今のビットコインを巡る状況の変化を考えると、そのような理解は古いと言わざるを得ません。ビットコインが誕生したのは2009年。当初は評価が定まっていませんでしたが、市場で取引の実績を積み上げ、決済手段としても世界中に広がりつつあります。この実績の積み上げによって、金との相似性が高まってきたのです。

確かに、金や株式と違って、資産としての裏付けはありません。決済手段としての役割が、少しだけ実物資産の裏付けのようなものになっている程度です。

しかし、この先、世界で不穏な動きが増えれば増えるほど、金、あるいはビットコインの価値は高まり、価格は上がるでしょう。その意味でも、金とビットコインは似ています。

「じゃあ、金に投資している金額の全部をビットコインに振り分けよう」とまで考える必要はありませんが、金に投資しているうちの2分の1くらいは、ビットコインに投資をしてもいいかもしれません。ビットコインと金で決定的に違うのは値動きの荒さで、金の値動きのスピードは上がるにしても下がるにしても比較的ゆっくりですが、ビットコインは短期間で大きく上下する可能性があります。実際、ビットコインはこの1年で約2倍以上に値上がりしました。

何も「いますぐビットコインを買え」と言っているわけではありません。私が言いたいのは、「ビットコインには金と似たような側面があるという考えを持っておきましょう」ということです。

ただし、これは数ある暗号資産の中でも、ビットコインに限定した話です。マイナーな「草コイン」と呼ばれる暗号資産には当てはまらないので、勘違いはしないようにしていただきたいと思います。

第五章 >>>

注目される
銘柄はこれだ！

日経平均株価はバブル時に付けた3万8915円87銭（1989年12月29日、終値）の最高値を更新し、2024年7月11日に4万2224円02銭（終値）の史上最高値を付けました。これは、日本経済が「失われた30年」を抜け出し、日本株にとって新時代の幕開けとなることを意味します。そう考えると、ここで想定している「日経平均5万～7万円」が通過点になり、さらに上昇する可能性もあると見ています。

日銀が緩やかな利上げをしたとしても、低金利を継続することは強い後押しとなるでしょう。

本章では、日経平均がこの先7万円を目指す過程で、相場の中心として買われることが想定される銘柄を紹介します。

資産拡大への期待大！「日本のGAFAM株」

長期的上昇を狙う5銘柄

米国の代表的な株価指数であるS&P500指数は、2020年のコロナショックによって、高値から約35%、ハイテク株の組入れ比率が高いナスダック指数は約33%の暴落を経験しました。しかし、米政府による財政出動と米中央銀行（FRB）の金融緩和によって、その年の8月、半年足らずで高値を回復。それ以降も上昇を続けています。米国株の上昇をけん引したのは、GAFAM（グーグル〈アルファベット〉、アップル、フェイスブック〈メタ・プラットフォームズ〉、アマゾン・ドット・コム、マイクロソフト）と呼ばれる、時代を代表する主力株の面々です。

東京市場も「新時代」を迎えています。今後は、日経平均がさらなる高値に向かう際、やはり主力株が中心となっていくでしょう。長期的な株価上昇をモノにする際には、これから紹介するような「日本を代表する株」、いわば「日本版ＧＡＦＡＭ株」を外すことはできないでしょう。これらの銘柄は、コロナ禍以降も相当な上昇を見せています。

◆三菱重工業（7011・東証プライム）

エネルギー（タービン）、航空・宇宙、船舶、産業機械、自動車関連、インフラ設備など、日本の産業を支える総合重機の最大手企業です。詳細は明らかにされないものの、防衛関連事業はこの企業の大きな特徴で、防衛費の増大は業績の強烈な追い風です。多くの分野にわたって国策の恩恵を受ける「国策銘柄」と表現するのが適当でしょう。

２０２４年3月期は、事業利益が前期比で46・1％増の約２８２５億円、純利益は同70・2％増の２２２０億円となりました。過去最高益を更新した２０２３年3月期から5割も利益を伸ばすというのは驚異的です。これだけ規模の大きい企業が一気にここまで業績を伸ば

◆三菱重工業 5年週足チャート

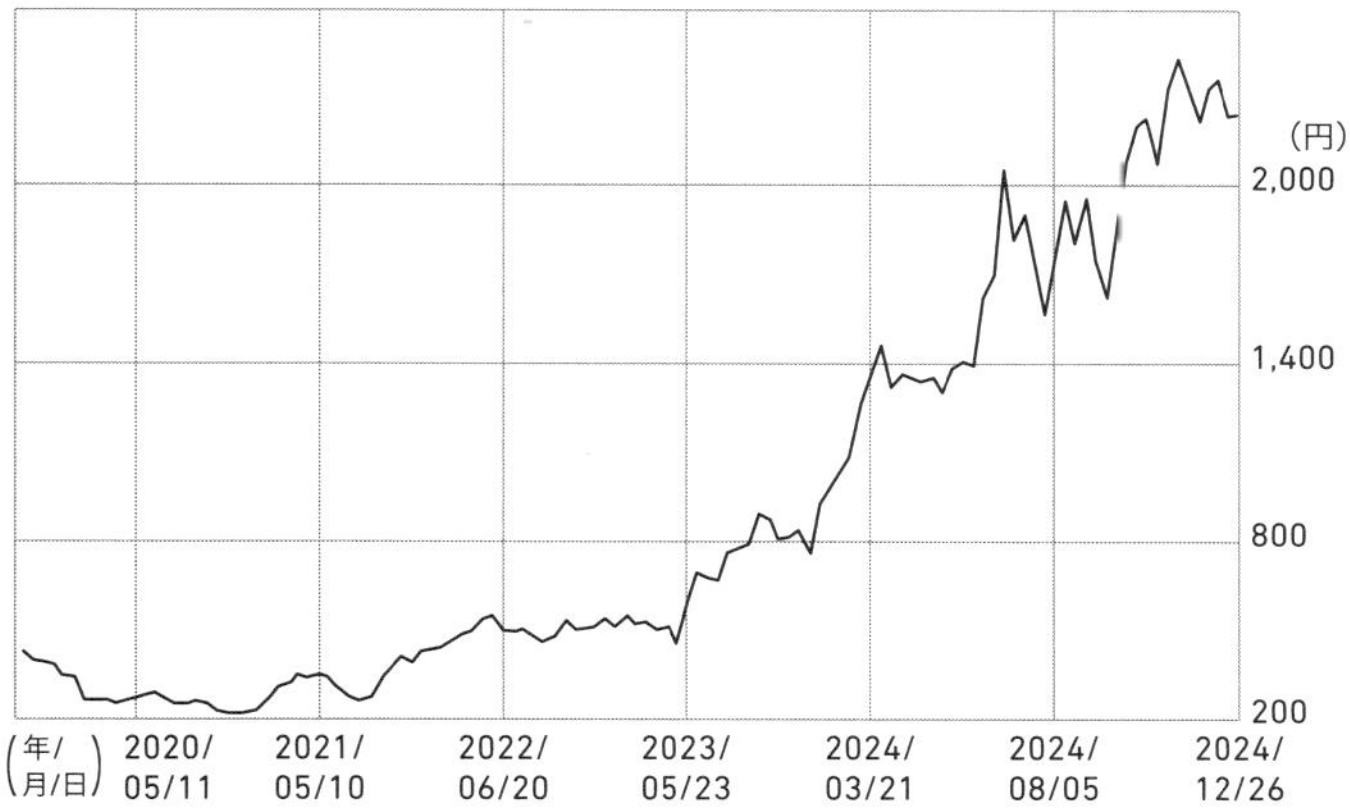

チャート提供：松井証券

すというのは、それほど目にすることではありません。2025年3月期も増益を見込んでいます。

株価はコロナ禍に付けた安値から8倍以上になっています。2024年1月を起点にしても、株価は約2・6倍です。そういう意味では、米国相場の上昇をけん引してきたGAFAMと同じ匂いを感じます。

コロナ禍以降の株価の動きを見ると、防衛や社会インフラなどで国策の恩恵を受ける日立製作所（6501・東証プライム）も、三菱重工業の類似銘柄として注目しておきたいところです。

◈**三菱商事（8058・東証プライム）**

日本を代表する総合商社の一角です。「商社」の行う事業は、実質的にはさまざまな分野への

◆三菱商事 5年週足チャート

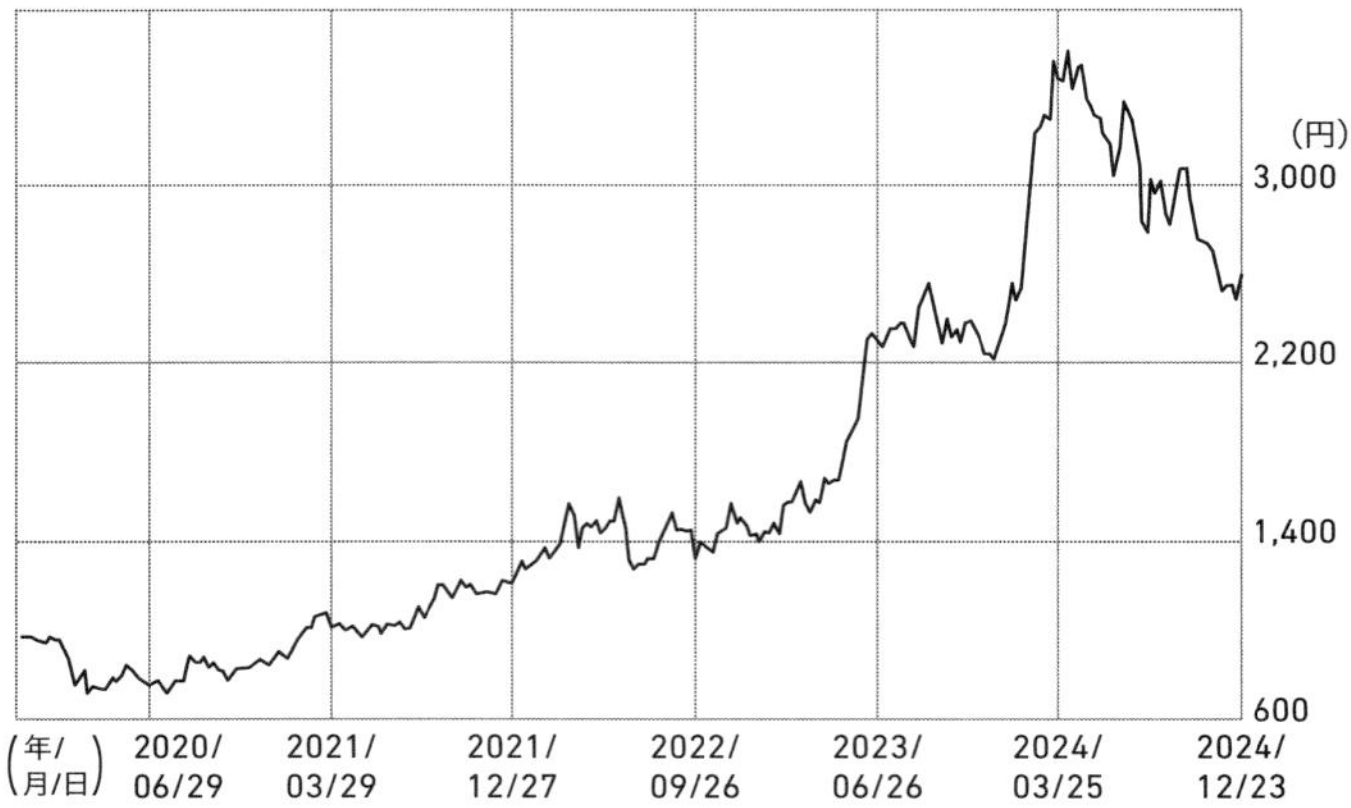

チャート提供:松井証券

「投資」という捉え方をすることもできます。三菱商事の事業領域はエネルギー、化学、金属、産業機械、自動車、食品、都市開発と多岐にわたります。まさに世界的な企業です。2020年、世界最大規模の投資会社、米バークシャー・ハサウェイを率いる〝投資の神様〟ウォーレン・バフェット氏が日本の五大商社(三菱商事、三井物産、住友商事、伊藤忠、丸紅)の株を保有していることが話題になりました。バフェット氏は2020年に五大商社の株を買い始めてから買い増しを続け、現在では5社の平均で9・0%程度の株式を保有しているようです。保有比率を見ると、ほぼ5社は同レベルの評価を受けていますが、大きな反応を見せたのは三菱商事です。

2024年2月、同社は発行済み株式数の10%

に相当する4億1700万株、5000億円を上限とする〝超〟がつくほど大規模な自社株買いを発表しました。業績の拡大とともに株式の配当を増やす（＝増配）など、株主への利益還元に積極的であることが、投資家の高評価につながっていると思われます。

ちなみに、同社はこの自社株買いで取得した株のすべてを消却することを表明しました。株式を消却すれば、発行している株式の数が減るわけなので、1株の利益は増え、市場に出回る株式の数も減ります。そうなると、株式の需給が改善するので、株価を下支えする効果が期待できるのです。これが、自社株買いが増配と並んで株主への利益還元策と考えられる理由です。

主力株としての期待と積極的な株主還元策を背景に、株価は出直りが期待できそうです。

◈任天堂（7974・東証プライム）

日本のお家芸である「ゲーム」の筆頭銘柄で、家庭用ゲーム機のハード、ソフト両方でトップに君臨する企業です。「マリオ」や「ゼルダの伝説」など、シリーズ新作が出るたびにヒット作となるような、世界的にも超有名なタイトルを保有しているのが最大の強みでしょう。

◆任天堂 5年週足チャート　※株式分割考慮済み

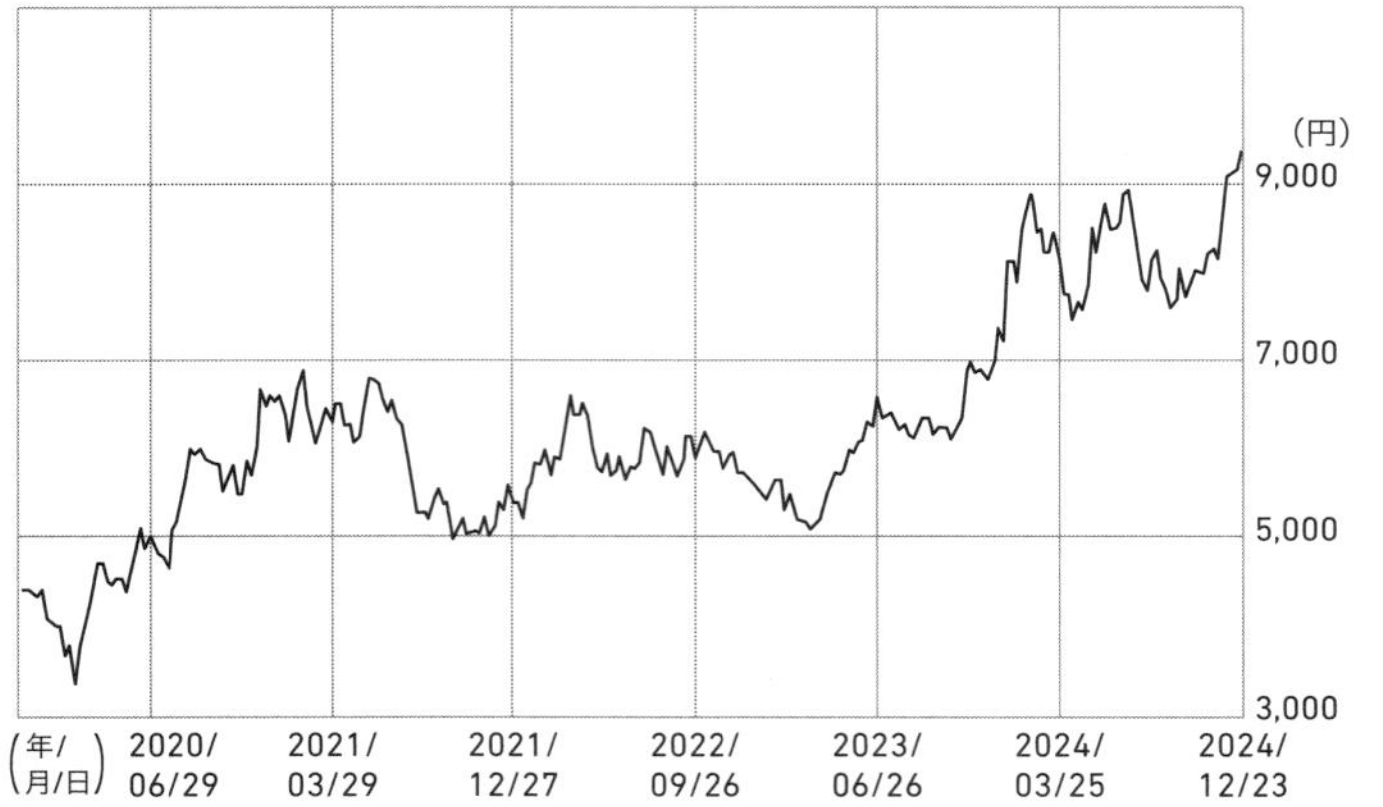

チャート提供：松井証券

２０２３年5月に発売された「ゼルダの伝説」シリーズの新作「ティアーズ オブ ザ キングダム」は、発売からわずか3日で販売本数が１０００万本の大台を突破。「任天堂のゲームの中で最も早く売れたゲーム」として、ギネス記録を更新しました。２０２４年2月6日に発表された第3四半期決算によると、同ソフトの販売本数（発売～２０２３年12月末）は全世界合計で２０２８万本。ほかに、「あつまれ どうぶつの森」「大乱闘スマッシュブラザーズ」「ポケモン」なども、世界的な人気を誇るタイトルです。

現在は、２０１７年に発売されたハード機「Nintendo Switch（ニンテンドースイッチ）」の後継機の〝詳細な発表待ち〟の状態で、その思惑によって株価が大きく上下する場面も見られそうです。２０２５年1月16日に、「Nintendo Switch 2」と予告映像が公開されました。この春に全貌が公開される予定です。後継ゲーム機に関するニュースや報道で株価が乱高下する場面は過去にも見られたことで、ある意味、この銘柄のお約束です。

サウジアラビアの政府系ファンドが任天堂株を保有していることも話題になりました。同ファンドは、２０２２年5月から市場内で任天堂株の買い増しを進めたようです。２０２４年10月時点の保有比率は４・１９％です。投資目的は「純投資」とのことで、オイルマネーが長期的な上昇を見込んで買っているのは間違いありません。

任天堂も、日本の主力株として長期的に買われ続けることになるでしょう。２０２２年の9月までは、それまで1単位（１００株）６００万円前後の資金が必要でしたが、1株を10株にする「株式分割」を行ったことで、売買に必要な金額が大幅に下がることになりました。

◆トヨタ自動車（７２０３・東証プライム）

自動車メーカーの世界トップ企業です。２０２３年1年間の世界販売台数はグループ全体で１１２３万台と、過去最高を更新しました。コロナ禍では、半導体不足やサプライチェーン（供給網）の混乱の影響を受けて減産を余儀なくされましたが、すでに２０１９年の水準

◆トヨタ自動車　5年週足チャート

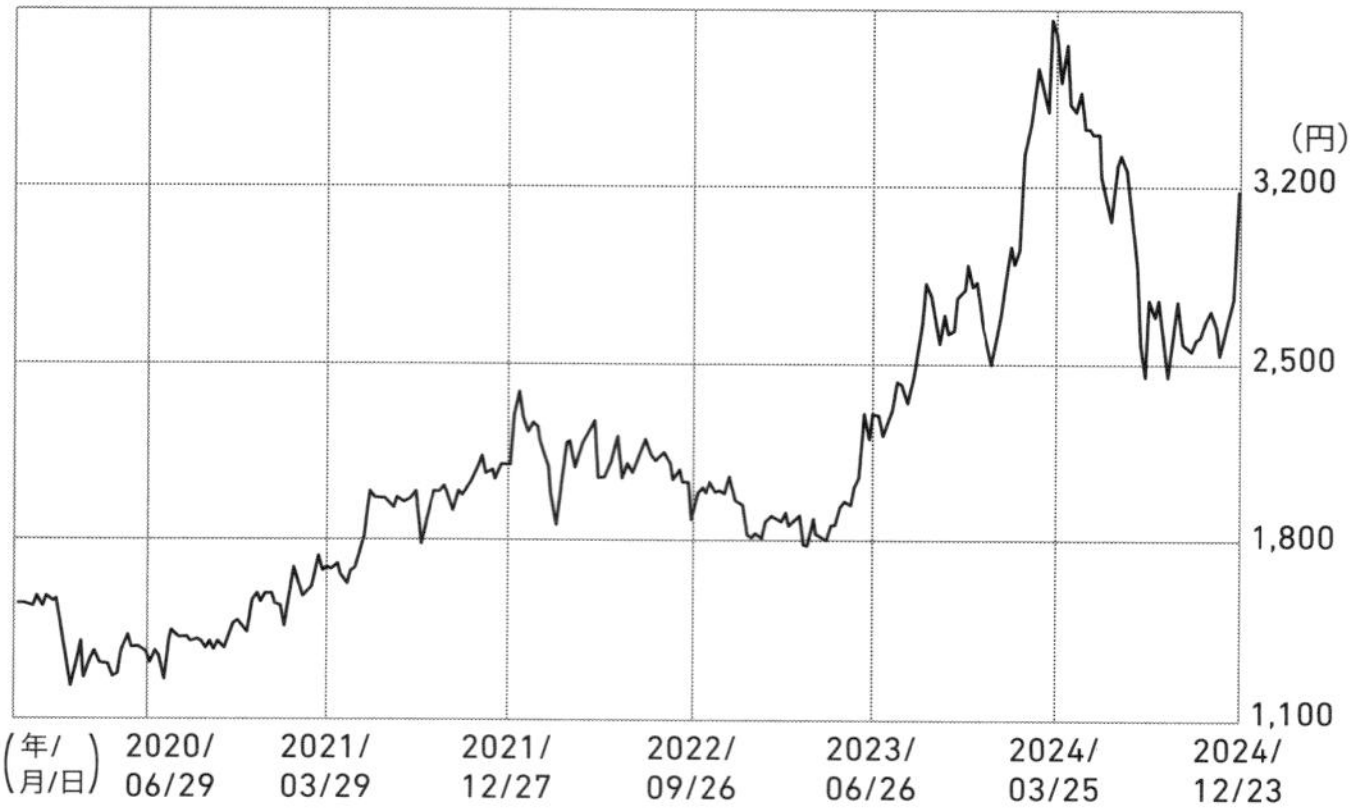

チャート提供：松井証券

を上回っています。ここからも、同社の事業力の強さが見て取れます。

２０２２年にはグループ企業の日野自動車の燃費データ改ざん、２０２４年には豊田自動織機とダイハツ工業の、エンジン劣化耐久試験の不正が発覚しましたが、このような悪材料を前にしても同社株はほとんど悪影響を受けなかったのです。

トヨタ自動車の豊田章男会長は、ダイハツの不正発覚後に工場を訪れた際、大勢の従業員を前に「告発してくれてありがとう」と発言し、不正を生み出した体質を一新して出直しを誓ったことが話題となりました。投資家もトヨタ自動車グループの新たな船出を歓迎しているように見えます。「日本を代表する銘柄」としての評価がさらに高まりそうです。

トヨタ自動車がＥＶ（電気自動車）の開発で出遅れていると指摘する声もありますが、最近になってＥＶ市場の急減速が指摘されています。その半面、トヨタ自動車のハイブリッド車に対する世界の評価が高まっているようです。これも、長期的に同社の株価を押し上げる要因です。

業績は絶好調そのもので、２０２４年3月期は、純利益が前期比で１０１・７％増の約４兆９４４９億円となり、２年ぶりに過去最高の利益を更新しました。純利益ランキングで２位のＮＴＴが約１兆２８００億円だったので、日本企業の中で断トツ。株式の時価総額は一時60兆円を超えました。２０２５年１月時点でも時価総額は50兆円であり、ランキング２位の三菱ＵＦＪフィナンシャル・グループの約22兆円を大きく引き離しています。

２０２４年12月25日、さらに投資家の目をトヨタ自動車に向かわせる動きもありました。一部報道で「トヨタ自動車が自己資本利益率（ＲＯＥ）の目標を現行水準の２倍の20％に引き上げる」とされたのです。ＲＯＥは株主による出資金をもとに、企業がどれだけの利益を上げたのかを数値化した財務指標で、20％は世界の自動車メーカーの中でもトップクラスの目標数値です。事業を効率化させ、株主還元を積極的に行い、市場評価を高めていくという経営陣の狙いが透けて見えるものです。トヨタ自動車は「具体的なＲＯＥ目標や達成期限はない」とのコメントを公表したものの、記事の内容はトヨタ自動車幹部の発言をもとにしているとされています。いかにもトヨタ自動車株の後押しとなりそうな記事です。

◆三菱UFJフィナンシャル・グループ（8306・東証プライム）

この銘柄も知らない人はいないでしょう。三菱UFJ銀行を中心とする国内最大のメガ金融グループです。時価総額は日本第2位の約24兆円。日本を代表する銘柄の一つとして多くの投資家の売買対象になっている銘柄です。

三井住友フィナンシャルグループ（8316・東証プライム）や、りそなホールディングス（8308・東証プライム）、ゆうちょ銀行（7182・東証プライム）といった銀行株を見る上でのポイントは、「金利動向」です。そして、今後の金利動向に大きく影響する可能性が高いのが、日銀の動きです。

第一章で述べたように、いま日銀は2013年から続けてきた大規模な金融緩和を修正しようとしています。その中で、特に注目されるのが「金利目標」に関するものです。日銀の植田総裁は、環境が整えば利上げをするとしていますが、引き続き金融緩和状態は継続するとも付け加えています。ただ、いまのインフレ状態を考えると、小幅であってもいずれ金利

◆三菱UFJフィナンシャル・グループ 5年週足チャート

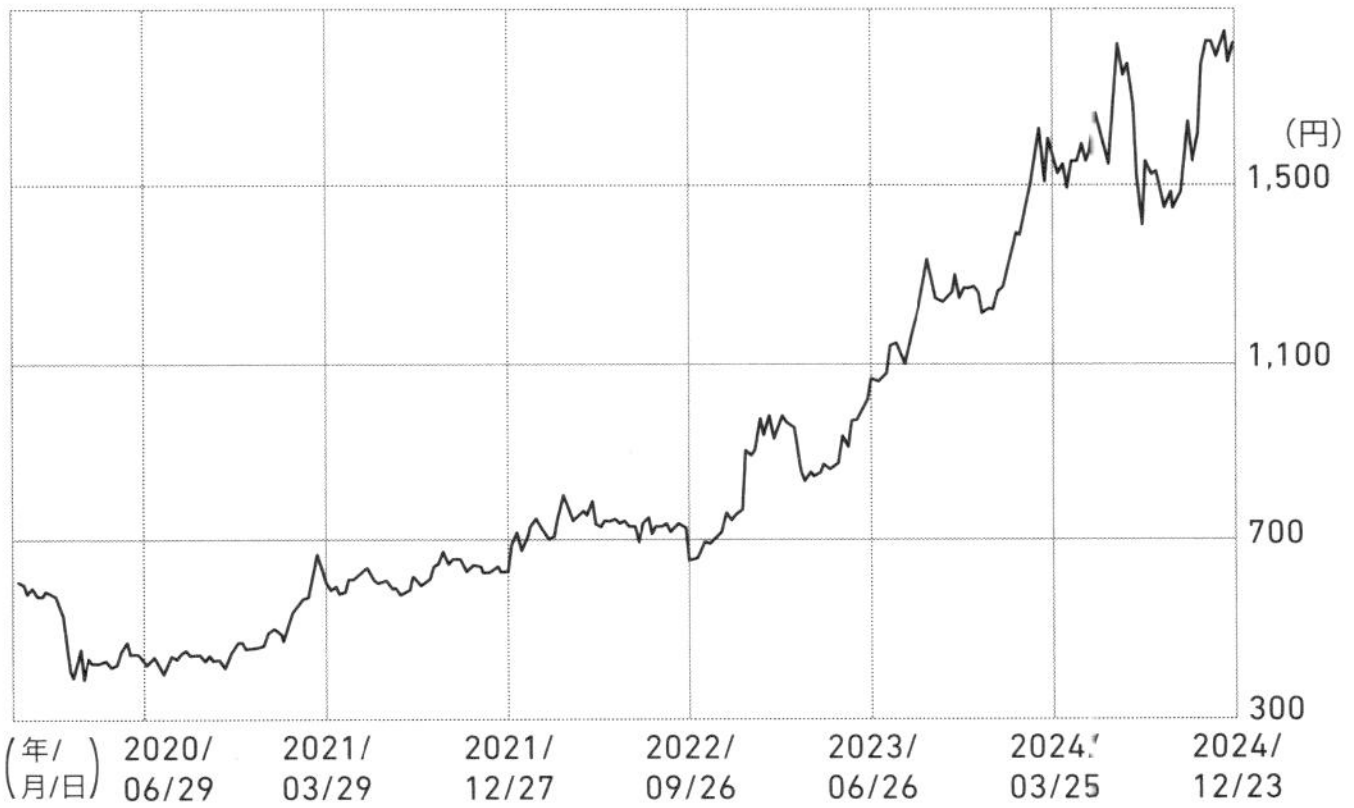

チャート提供：松井証券

は上昇するものと見ることもできます。銀行の貸出金利や住宅ローン金利も上がり始めています。

銀行にとって追い風になる環境の到来です。

銀行は、マイナス金利下で企業や個人に貸し出す金利も低いままでしたが、金利が上昇すれば、「金利を付けて貸し出す」ビジネスが復活することになるのです。

三菱ＵＦＪフィナンシャル・グループの株価はコロナ禍で上昇を続け、コロナショック直後の安値からはすでに４・２倍になっています。２０２３年以降の上昇局面における動きは、日銀のマイナス金利解除を視野に入れたものと考えていいでしょう。いまは思惑がやや先行していますが、実際にマイナス金利が解除された後もゆっくりと金利の上昇が続けば業績がさらに向上し、それを受けて、株価の長期的な上昇が続くというシナリオが描けます。

三井住友フィナンシャルグループなど他の銀行株も同様に注目に値します。ただ、三菱UFJフィナンシャル・グループは1単位当たり19万円前後とメガ金融グループ株の中でも手掛けやすいため、個人投資家にも人気があります。


米GAFAM株は、期間こそ多少の前後はあるものの、2010年以降の10～12年間でいずれも株価が10倍超になっています。アマゾンに関しては、20倍超、アップルは17倍超の上昇率を記録しました。

一方で、同じ期間の「日本のGAFAM」5銘柄に関しては、三菱重工業は約4倍、三菱商事が同7・5倍、三菱UFJフィナンシャル・グループが5倍程度など、米国の本家GAFAMと比べ劣っています。2024年初頭からの相場急上昇を考慮しても、この程度です。

日本株は失われた30年を完全に抜け出し、新たな上昇ステージに入りました。これからは、ここで取り上げた「日本のGAFAM」が相場を主導する形で上昇を続けるでしょう。そうなれば、日本のGAFAMの株価は、ここから数倍、あるいはそれ以上の水準まで買われてもおかしくはないのです。

半導体関連株を加えた「7人のサムライ株」

「7人のサムライ株」が日本市場の中核に

ここまでで取り上げた「日本のＧＡＦＡＭ（三菱重工業、三菱商事、任天堂、トヨタ自動車、三菱ＵＦＪフィナンシャル・グループ）」は、日経平均株価がさらに高くなる中で、主力として買われる銘柄になるでしょう。さらに、この5銘柄に半導体関連の2銘柄を加えた「7人のサムライ株」が、今後の日本市場を強力に引っ張っていく存在になると見ています。

半導体関連株は、日本だけではなく世界の株式市場をリードする存在になりつつあります。

2024年3月1日、米半導体メーカーのエヌビディアの時価総額は3兆3000億ドル（約490兆円）を超え、世界一をうかがうレベルになっています。エヌビディアは、生成AIに不可欠な「データセンター向けGPU」で9割以上という圧倒的なシェアを占めています。

また、ファウンドリー（半導体受託生産）として世界トップに位置する台湾のTSMCも、株価が上場来高値を更新。世界の時価総額ランキングトップ10入りを果たしました。

株式市場では、米GAFAMの5銘柄に電気自動車（EV）のテスラ、半導体メーカーのエヌビディアの2銘柄を加えた7銘柄のことを「マグニフィセント・セブン」と呼んでいます。由来は、故・黒澤明監督の映画作品で1954年に公開された『七人の侍』の米国リメイク版西部劇「ザ・マグニフィセント・セブン（邦題『荒野の七人』）」です。

2024年2月半ば、米国のゴールドマン・サックス証券が〝日本版マグニフィセント・セブン〟として「セブン・サムライ」と名付けた7銘柄を取り上げるレポートを出しました。そのセブン・サムライ7銘柄中の4銘柄が、東京エレクトロンやアドバンテストなど半導体関連の企業です。

私も、半導体関連株は今後も日本市場のリード役になると考えています。ゴールドマン・サックスの「セブン・サムライ」とは多少異なりますが、私は、「日本のＧＡＦＡＭ」に東京エレクトロン、ルネサス エレクトロニクスという半導体関連２銘柄を加えた７銘柄を「７人のサムライ株」と呼び、注目していこうと考えています。

日本は「半導体列島」になる？

２０２４年２月24日、ＴＳＭＣの熊本第一工場で開所式が行われ、「半導体業界のレジェンド」と言われるＴＳＭＣ創業者で、元会長兼ＣＥＯ（最高経営責任者）の張忠謀（モリス・チャン）氏が挨拶をしました。張忠謀氏は、１９３１年に中国浙江省で生まれ、中国の国共内戦（国民党と共産党の戦い）から逃れるために渡米。黎明《れいめい》期の半導体業界に身を投じ、当時は業界最大手だったテキサス・インスツルメンツで幹部職を歴任した人物です。その後、台湾当局に招聘《しょうへい》され１９８５年に台湾に渡り、１９８７年にＴＳＭＣを創業しました。世界で初めて、半導体業界に受託製造というビジネスモデルを持ち込み、業界の構造を一変させました。

日本政府は先端半導体の安定供給を確保するために、巨額の助成金などの支援策を打ち出しています。先端半導体を含め、半導体は経済安全保障上の重要な物資だからです。その支援策の一端が、TSMC熊本工場なのです。

TSMC熊本工場は、日本国内の半導体製造において重要なマイルストーンになるでしょう。もっとも、この動きはまだ始まったばかりで、北海道や広島などでも、国内外の企業が半導体の製造拠点を建設しようとしています。同様の動きが日本の随所で見られるようになれば、日本は再び「半導体列島」として世界の半導体市場に大きな影響力を持つようになるかもしれません。

半導体市場の調査を行うSEMIジャパンは、世界の半導体の市場規模は2023年の約5200億ドル（約77兆円）から、2030年には1兆ドル（約150兆円）にまで、ほぼ2倍に拡大する予測を打ち出しました。AIや車載向けの成長が半導体市場の拡大を促し、2025年に関しても2桁の成長を予測しています。

半導体市場の拡大が続く過程で、日本の半導体関連株に人気が集中するのは、容易に想像できるのではないでしょうか？　そして、その中心に「7人のサムライ株」の2銘柄が入ることになるでしょう。

◆東京エレクトロン（８０３５・東証プライム）

「半導体製造装置」の世界的メーカーです。半導体製造装置は、読んで字のごとく半導体を作るための機械。半導体で世界最大手の米インテルや台湾のＴＳＭＣ、韓国のサムスン向けに製造装置を作っています。同社の製造装置がなければ、これらの大手半導体メーカーは、半導体を作ることができないということです。

半導体製造は、設計、前工程、後工程の三つに分かれますが、同社は集積回路の形成や感光剤の塗布、表面を加工するエッチングなど、「前工程」に当たる製造装置に強みを持っていて、その各工程の装置において多くの世界トップシェア製品を抱えています。半導体市場の拡大は、そのまま同社の業績拡大につながるのです。

「それなら、東京エレクトロンの業績はとんでもなく拡大しているのでは？」と考える方がいるでしょう。その通りです。

コロナ前の２０１８年3月期、同社の売上高は1兆１３０７億円、本業の儲けを表す営業利益は２８１１億円でした。それが、コロナ禍が明けた２０２３年3月期には、売上高が２兆２０９０億円、営業利益は６１７７億円になっています。5年間で売上高は約2倍、営業

◆東京エレクトロン　5年週足チャート

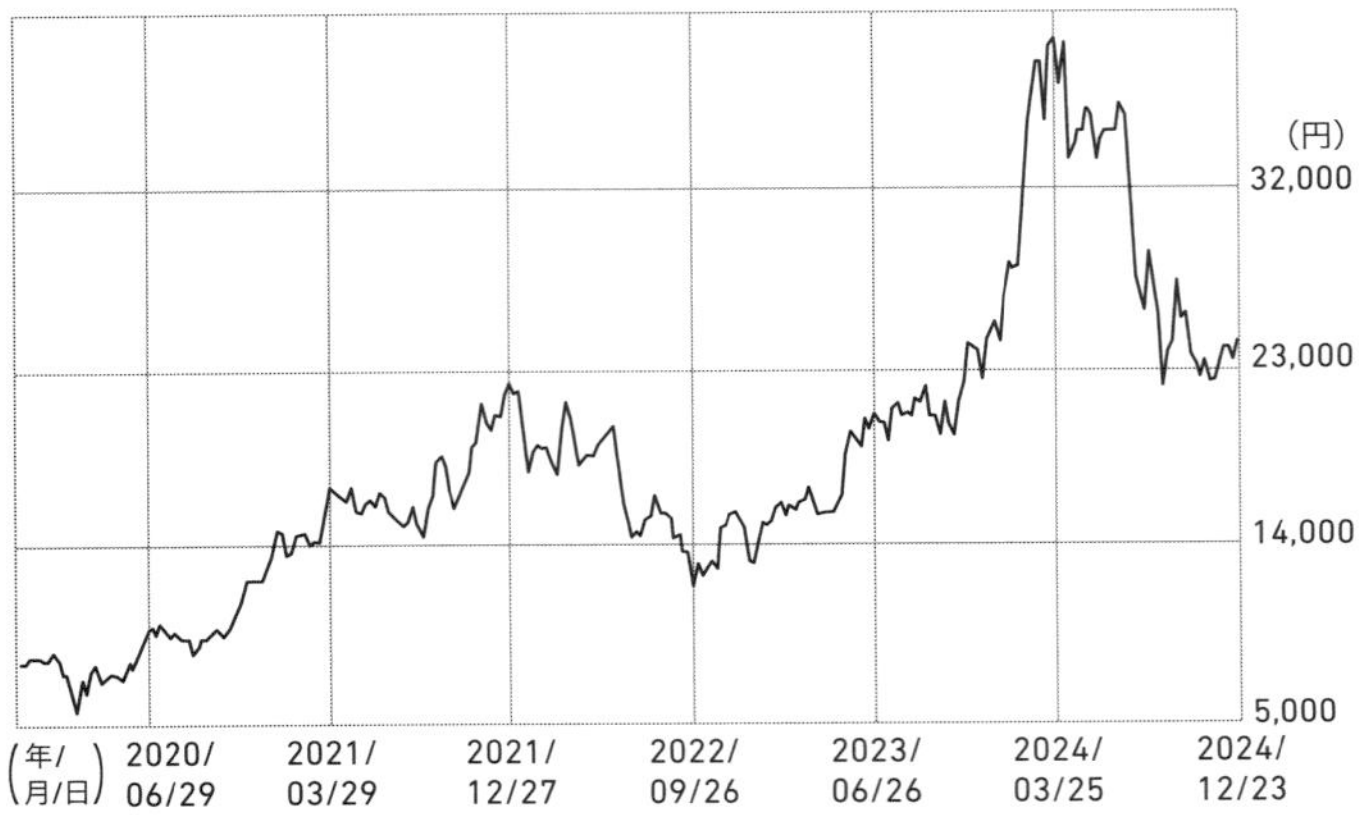

チャート提供：松井証券

利益は約2・2倍です。株式投資の経験者でなくとも、これだけ規模の大きい会社の売上高、営業利益が、わずか5年で2倍以上になることのインパクトの大きさがわかるでしょう。

半導体製造装置の業界において、東京エレクトロンは世界のリーディング・カンパニーとして注目されています。

株式投資における銘柄としても日本を代表する優良株の一つであり、日経平均に対する寄与度（個別銘柄の株価が、日経平均全体の値動きにどれだけ寄与したかを表す数値）でも、ファーストリテイリング（ユニクロ）などと並ぶ存在です。

今後、「半導体市場の成長」と「日経平均の上昇」を背景に、長期にわたって世界的な注目を集め、株価も上昇していくことになるでしょう。その株価は、２０２３年12月からものすごい勢いで上昇していますす。あまりに猛スピードで上昇しているため、調整（下落）する局面もありますが、その下落は買いのチャンスになるでしょう。

半導体の製造自体では、日本企業は米インテルやＡＭＤ、ＴＳＭＣなどに世界有数の企業の座を奪われてしまいましたが、「製造装置」に関しては、依然として日本のお家芸として競争力を維持しています。東京エレクトロン以外にも、

・アドバンテスト（６８５７・東証プライム）……半導体検査装置で世界大手
・ディスコ（６１４６・東証プライム）……切断や研磨装置で世界トップ
・ＳＣＲＥＥＮホールディングス（７７３５・東証プライム）……洗浄装置で世界断トツ
・レーザーテック（６９２０・東証プライム）……マスク検査装置で世界シェア１００％

なども、それぞれ半導体製造装置関連として、東京エレクトロンに近い、あるいは同等のレベルで世界の注目を集めるでしょう。もちろん、東京エレクトロン同様、投資対象として

有望です。

◆ルネサス エレクトロニクス（6723・東証プライム）

日立製作所、三菱電機、NEC3社の半導体製造部門が統合して生まれた企業。半導体メーカーとしてはキオクシアホールディングス（285A・東証プライム、2017年に東芝のメモリ事業が分社化されて誕生）を抑え、国内トップ企業です。

主力は「マイコン（マイクロコントローラ）」と呼ばれる機器を制御するための半導体で、車載用のマイコンでは世界トップシェアを誇ります。すべての半導体の中で車載向けが占める割合は、2023年時点で約13・8％（約716億ドル＝10兆円）。さほど大きい割合ではありません。しかし、2028年には現在の2倍近くの1405億ドル（20兆8000億円）まで拡大するとの予測もあり、年間で2桁成長が期待されている分野です。2018年の311億ドルと比べると、4・5倍になる計算です。

車載用のマイコンは、電気自動車やハイブリッド車、燃料電池車などの動力をコントロールするパワーコントロールユニット、モーターコントロール、オルタネータ（発電機）、トランスミッション、燃料ポンプコントローラなどのほか、自動車のありとあらゆる箇所に使

◆ルネサス エレクトロニクス 5年週足チャート

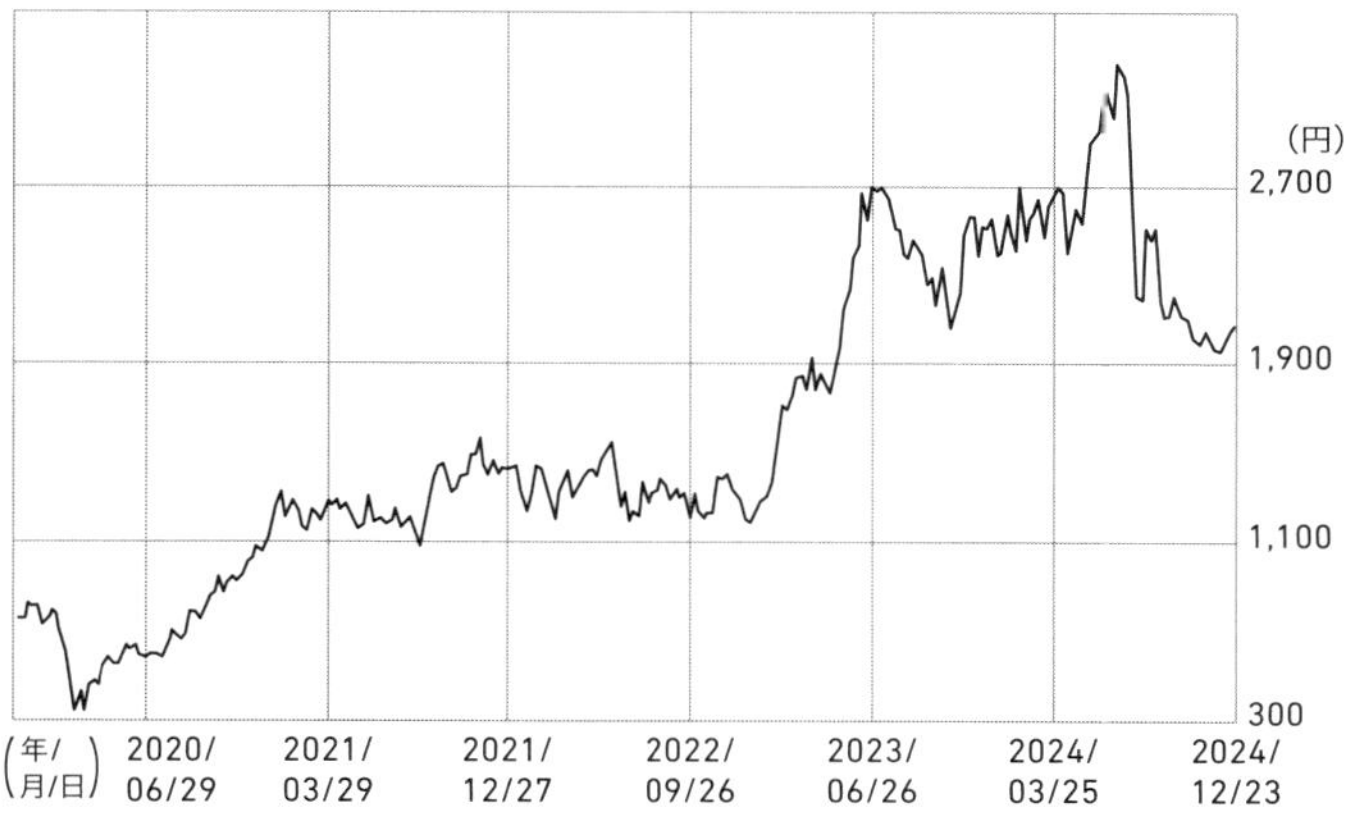

チャート提供：松井証券

われています。近年のエコカーの普及が車載向けマイコン市場の急拡大につながりました。

先ほど、半導体製造装置を日本のお家芸と称しましたが、自動車も同じです。２０２３年後半頃より、テスラなどの電気自動車メーカーが軒並み巨額投資にブレーキをかけていると報じられる一方で、ハイブリッド車が見直されています。これは、トヨタを筆頭に、日本の自動車メーカーにとって明らかな追い風です。

また、自動車の安全性能や自動運転技術の向上に伴って、車載用のマイコンの数はますます増えていきます。

これらの追い風を受け、ルネサス エレクトロニクスの業績も右肩上がりで拡大しています。業績の好調を受け、同社は２０２４年２月に発表された2023年12月期決算で、実に19年ぶりとなる復配を打ち出しました。リーマン・ショック後の半導体不況を受け、同社の業績は低迷が続いていましたが、その際に言われていた「経営再建」や「信用不安」という語は、完全に過去のものになっています。

本章の序盤で取り上げた「日本のGAFAM」5銘柄に、半導体関連の東京エレクトロン、ルネサス エレクトロニクスの2銘柄を加えた7銘柄の「7人のサムライ株」は、日本市場どころか、世界の株式市場の主役として注目を集めることになるでしょう。当然、相当な株価の上昇が期待できます。

「7人のサムライを語らずして株は語れない」といった状況が訪れるのではないでしょうか。

国内消費拡大＋インバウンド消費の追い風株

訪日外国人客数は過去最高を更新する見通し

第一章の「もう止まらないインバウンド（訪日外国人）消費」でお話ししたように、現在は訪日外国人客の消費＝インバウンド消費がすごいことになっています。

「インバウンド消費」に関しては、コロナ禍でも株式市場で何度か話題になりました。たとえば、２０２１年の夏に行われた東京オリンピック・パラリンピック。まだコロナ禍の真っただ中ではありました。当時の菅内閣は東京オリンピックを落ち込んだ消費回復のきっかけにしたいと考えたようですが、コロナ変異ウイルスの拡大などによって、その目論見は頓挫しました。

その後も、2022年3月の「まん延防止等重点措置（まん防）」解除や外国人の新規入国受け入れ再開、2022年10月の「入国上限の撤廃」など、新型コロナの「水際対策」が緩和されるたびに、株式市場では「インバウンド消費の回復につながる」との思惑が浮上。インバウンド関連株が買われる相場が到来しました。もっとも、思っていたほどの回復にはつながらなかったため、そのつど、相場も短命に終わってしまいました。

しかし、2023年4月の「水際措置の撤廃」によって、状況は一変します。2023年10月以降、訪日外国人客数はコロナが発生する以前の2019年の水準を上回っています。「回復」を超える「増加」に転じたのです。しかも、コロナ前に「国別訪日外国人客数」で2位（1位は韓国）だった中国からの訪日客が本格回復していないにもかかわらず、2024年の訪日外国人客の合計は2019年の3188万人を突破しています。

コロナ発生以前は中国からの訪日外国人客については、2024年1月時点でも、まだ2019年1月比でマイナス44・9％。回復は見せているものの、完全回復ではありません。これは、日本の「原発処理水の海洋放出」によって、中国で日本への旅行を自粛するムードが広がったことや、不動産不況をはじめとする中国国内の景気が落ち込んでいることが要因として考えられます。

海洋放出には、中国人はすでに関心がないでしょう。一方、中国の景気に関しては、まだ先が見通せない状況にあることは確かです。そう考えると、中国からの訪日客が２０１９年の水準まで回復するにはやや時間がかかるかもしれません。前述したように、日本政府は中国人に対するビザ発給要件を緩和しています。また、大阪万博も追い風となり、インバウンド消費は一段と拡大するでしょう。

小売りなどの内需株は見直し買いの余地大

故・安倍晋三元首相は、２０１６年に「観光ビジョン」を策定し、訪日外国人客数を２０２０年には４０００万人にまで拡大させ、インバウンド消費を日本経済の成長のエンジンにするとの構想を掲げました。ちなみに、２０１６年時点の訪日外国人客数は２４０４万人です。

残念ながら、その構想は新型コロナによって実現することはできませんでした。しかし、コロナ禍を経たいま、2024年1年間の訪日外国人客数は、2019年の3188万人大きくを上回っています。

この状況は、「インバウンド関連株」にとって、過去最高の状況にあると言っても過言ではありません。年初からの日経平均の上昇局面では、半導体関連株を中心に、値がさの主力株が優先して買われました。そのため、インバウンド関連の主力である小売株などの「内需株（国内の需要に影響を受ける株）」への関心はそれほど高くなっていません。期待を含めて見通すと、これから評価、業績ともに高まっていくかもしれないのです。

インバウンド消費の追い風を受け、業績、株価ともに大きな上昇が見込める銘柄を紹介します。今後、インバウンド関連銘柄は「訪日外国人客数が過去最高を更新」といったニュースが流れるたびに、注目度が高まる公算大です。

◆**ファーストリテイリング**（9983・東証プライム）

アパレルの「ユニクロ」や「GU」など数多くのブランドを展開していて、日本のアパレル製造小売り最大手の企業です。世界でも、売上高ベースでスペインのInditex（インディテックス、メインブランドは「ZARA」）、スウェーデンのH&M（エイチアンドエム）に次ぐ第3位、時価総額ベースでは Inditex に次ぐ第2位の座についています。海外売上高比率が56％と過半を占めているため純粋な内需株ではありませんが、〝内需寄り〟の企業と考えていいでしょう。

英国の市場調査会社によると、「世界で最も価値のあるブランドランキング２０２３」のアパレル部門で、ユニクロは前年に引き続き第5位にランクイン。そのほか、海外店のオープン時には１０００人が並ぶなど、海外でも人気ブランドとしての地位を確立しています。

昨今のドル高／円安によって、訪日外国人からすると日本のユニクロ製品は割安になっています。それらを要因の一つとして２０２３年の年末から「外国人がユニクロで爆買い」といったニュースを目にするケースが増えています。

業績も好調です。２０２３年8月期は、売上高が前年比20・2％増の2兆７６６６億円、本業の儲けである営業利益は同28・2％増の３８１１億円になりました。国内、海外とも順調に伸びていて、特に海外では中国やその他アジア、北米、欧州などすべての地域で大幅な増収増益を達成しています。

この期の決算説明書には「北米、欧州、東南アジアのユニクロ事業は顧客層が拡大し、成長ステージに入った。中国も回復し、拡大フェーズに回帰」といった内容があり、今後も成

◆ファーストリテイリング 5年週足チャート

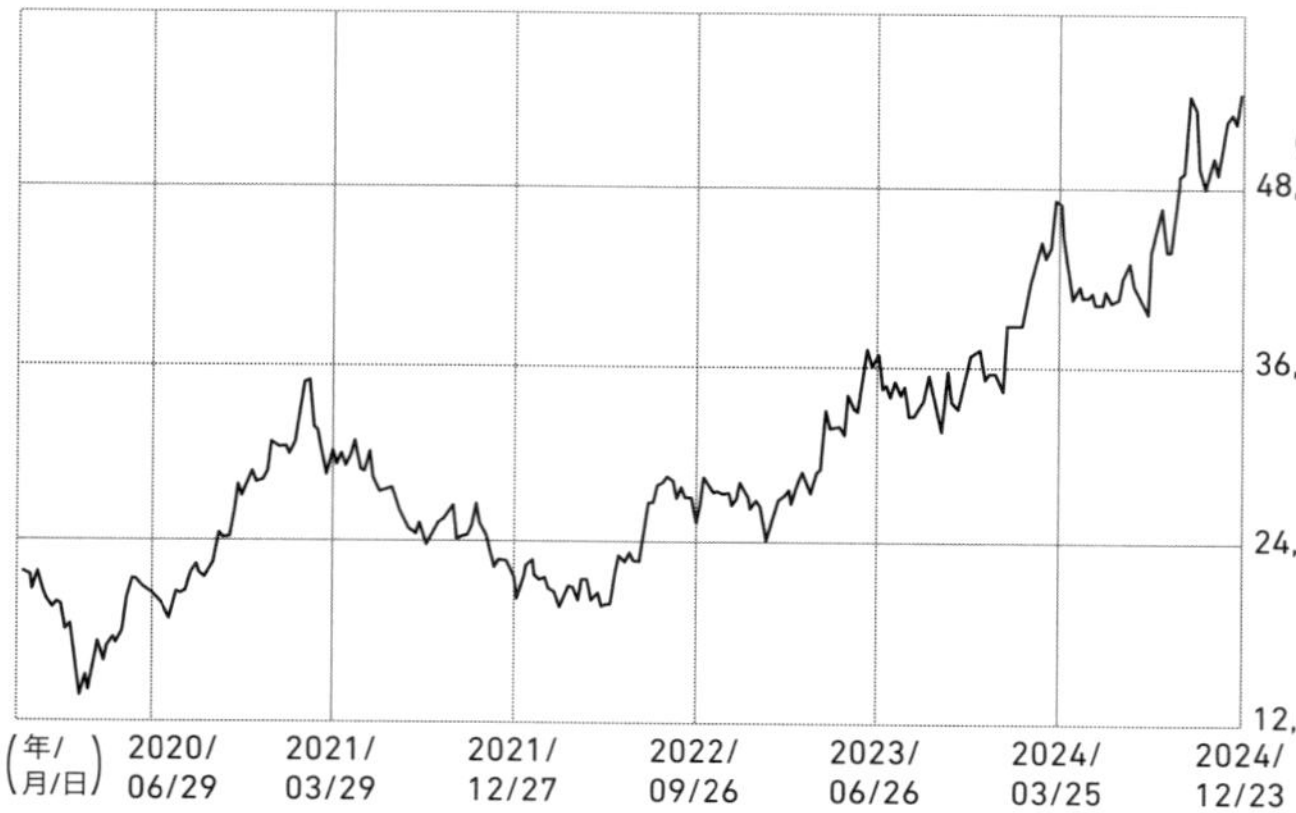

チャート提供:松井証券

長への期待が持てる内容になっています。

営業利益に占める国内ユニクロ事業の割合は約30%です。海外事業が伸びているため、相対的に国内事業の比率が下がっていますが、今後は国内事業にも、インバウンド消費の強烈な追い風が吹くでしょう。

もう一つ、この銘柄を見る上でポイントになるのが、日経平均に占めるウェイト(構成比率)が約10%と際立って高いことです。構成比率が高ければ高いほど、日経平均の値動きに与える影響が大きくなります。要は、ファーストリテイリングの株価が上がれば日経平均が上がり、日経平均が上がれば同銘柄も連れ高となる構図があるのです。

これから日経平均が5万円以上を目指す展開になれば、「東京市場を象徴する銘柄」として、上昇することになるでしょう。

◆三越伊勢丹ホールディングス（3099・東証プライム）

百貨店トップの企業です。2008年4月、百貨店大手の三越と伊勢丹が統合して誕生しました。東京周辺にお住まいの方なら、一度は旗艦店の「伊勢丹新宿本店」や「三越日本橋本店」に足を運んだ経験があるのではないでしょうか。

同銘柄も他の小売企業と同じく、2021年3月期はコロナによる大ダメージを受け、営業赤字に転落するなど売上高、収益ともに低迷しました。その後は、行動制限緩和とともに業績は回復。2023年3月期は、賃金上昇による国内消費の回復にインバウンド消費の拡大が加わり、営業利益はコロナ前（2019年3月期）の水準を上回りました。伊勢丹新宿本店の売上高は、統合後で過去最高を記録しています。

2024年3月期もインバウンド消費の拡大が続き、営業利益は544億円、純利益は556億円と、期初に見込んでいた営業利益350億円、純利益280億円という予想を上回りました。この間、インバウンドを除く売上高でも、2019年3月期比で9％プラスと増加しました。これを見ても、国内単体の消費が強いことがわかります。

◆三越伊勢丹ホールディングス 5年週足チャート

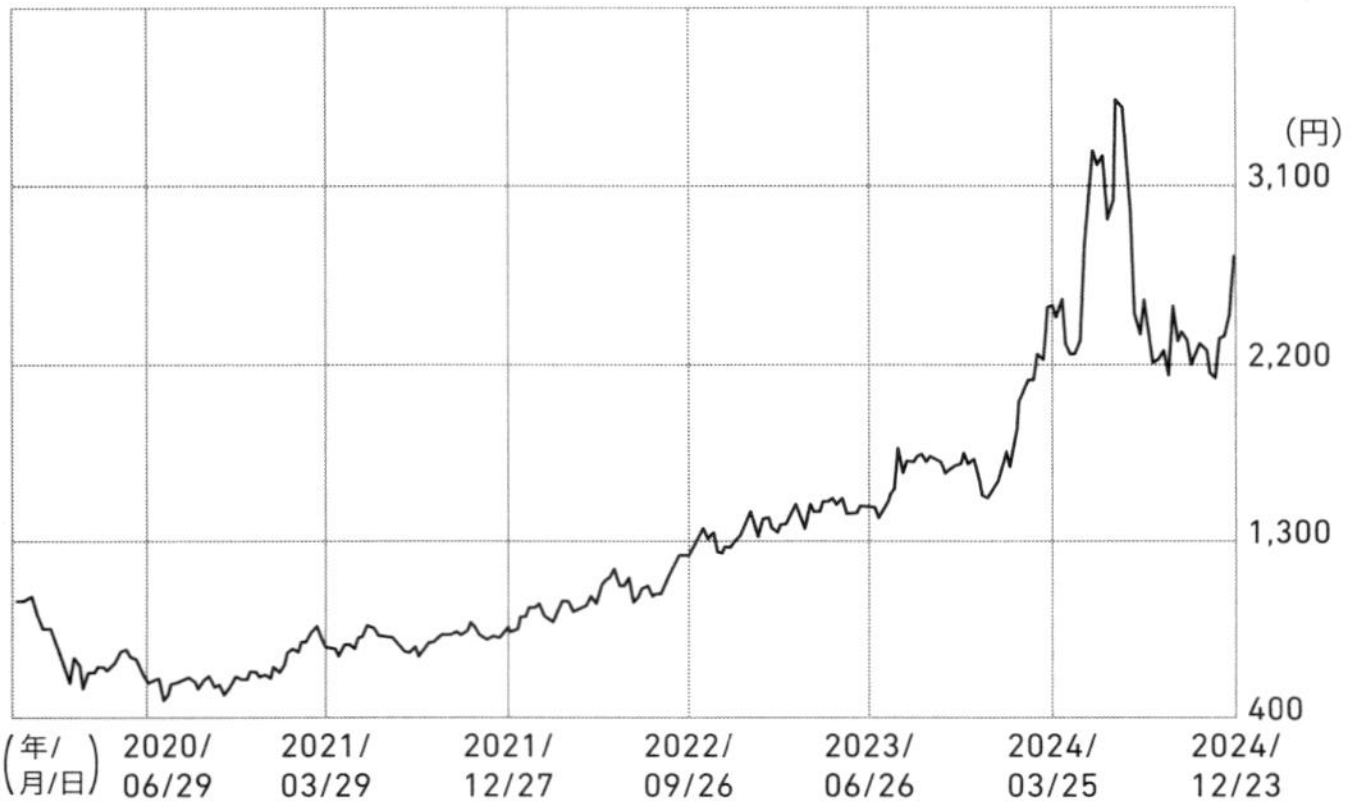

チャート提供:松井証券

2024年3月期は、2021年11月に同社が発表した3年間(2023年3月期〜2025年3月期)の中期経営計画の2年目に当たりますが、すでに「営業利益400億円」の目標を前倒しで到達しました。今後も、伊勢丹新宿本店・三越日本橋本店という旗艦店を中心に、店舗には訪日外国人客が押し寄せるでしょう。また、目立ち始めてきた賃金上昇も、小売業の同社業績には確実に追い風になると思われます。

株価はコロナショック後の安値479円から、すでに約5倍に上昇していますが、株価指標的な割高感はありません。インバウンド消費関連の筆頭銘柄として、今後も上値追いが続くのではないでしょうか。

◆東日本旅客鉄道（JR東日本）（9020・東証プライム）

鉄道のトップ企業です。コロナ前の2019年、外国人が日本を訪れる際、最も利用者が多い空港が千葉県の成田空港でした。次いで、関西国際空港、東京国際空港（羽田空港）の順になっています。つまり、訪日外国人客の多くが成田空港や羽田空港を経由して出入国するということです。この構図に大きな変化はなく、訪日外国人客増加は、結局同社の追い風になるのです。

鉄道（もちろん、新幹線も含まれます）事業以外でも、同社はインバウンドの恩恵を大きく受けます。というのも、同社は鉄道事業以外に、駅ナカや駅外の物販やショッピングセンターなどの商業施設、駅ビルを活用したオフィスやホテルなどの不動産事業を展開しており、これらすべての事業でインバウンドによる大幅なプラス効果が見込めるからです。

2024年3月期の同社の業績は、期初の予想を大きく上回るなど絶好調で、売上高は前期比13・5％増の約2兆7301億円、営業利益が同145・4％増の約3452億円となりました。さらに前期実績より増配（100円→140円）を実施しました。

会社側は、業績好調の理由を「新型コロナウイルス感染症の影響の縮小に伴い、お客様のご利用が堅調に回復したことなどにより」と、かなり控え目に説明していますが、おそらく、

◆東日本旅客鉄道（JR東日本）5年週足チャート

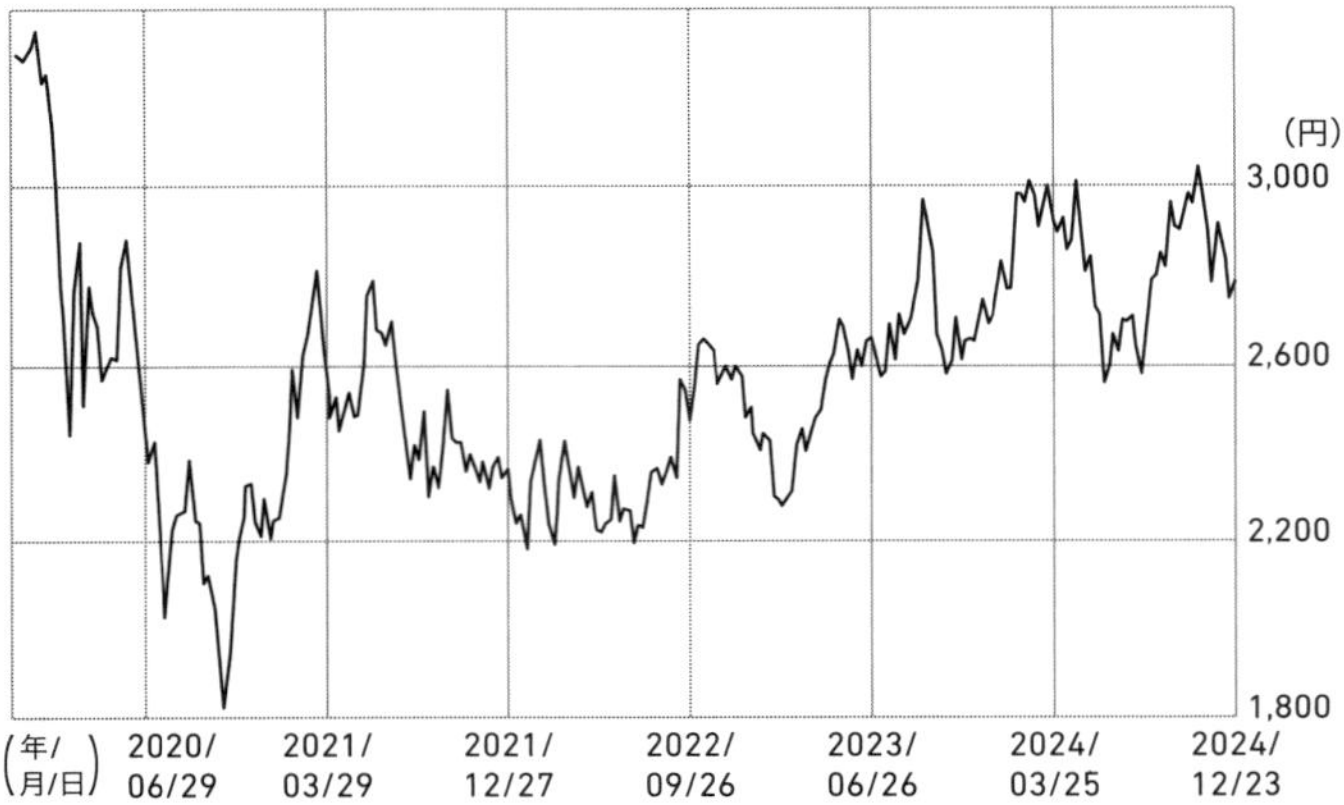

チャート提供：松井証券

会社側は想定を大きく上回る伸びにホクホクでしょう。

インバウンド需要の拡大は同社にとって大きいのです。

２０１９年3月期は、売上高3兆円、営業利益が４８５０億円でした。この点、まだ同社はコロナからの回復の道半ばにあると言えます。

コロナ以前、株価は３０００円台が値動き基準になっていました。現在は、回復は顕著になっているものの、コロナ以前の最高値を下回っている状況です。最高値を更新する主力株が相次いでいることを考えると、そう遠くないうちにコロナ前の水準を突破し、２０１５年の高値水準４０００円近辺を視野に入れた動きになるのではないでしょうか。

東京市場の金（ゴールド）関連株

純粋な「金関連株」は住友金属鉱山のみだが……

第二章、第四章を読んで、「金が上がりそうなのはわかったけど、ＥＴＦ以外に個別の『金関連株』はないのかな。そっちのほうが金自体の価格より儲けられそうだ」と思った方は、完全に「株式投資脳」でしょう。さまざまな事象が株価の上下につながることを認識しているのは、投資家としていい傾向です。

では、肝心の日本の株式市場の「金関連株」は何でしょうか……。実は、残念ながら、純粋な金関連株となると、東京市場には住友金属鉱山（５７１３・東証プライム）しかありません。

ここで言う「純粋な」とは、会社で金が産出される金鉱山を保有しているか、あるいは金鉱山から産出される金の権益の多くを保有しているという意味。住友金属鉱山は、鹿児島県北部に「菱刈《ひしかり》鉱山」という、高品質の金が産出される金山を保有している企業です。ただ、菱刈鉱山から産出される金は年間で４トンに過ぎず、世界全体の産出量ベースでは微々たる量でしかありません。それでも、住友金属鉱山の安定収益源になっていることは確かです。

住友金属鉱山のほかには、パソコンや家電、スマホなど、いわゆる「都市鉱山」の金を回収、リサイクルする事業を展開する松田産業（７４５６・東証プライム）も、金価格が上昇すると株価が反応しやすい銘柄として挙げられます。また、金を含む宝飾品や中古ブランド品の販売を手掛けるコメ兵ホールディングス（２７８０・東証スタンダード）も広い意味では金関連株と言えないことはありません。もっとも、株価が金価格と連動しているとは言い難く、どちらかと言えば「インバウンド関連株」と言えそうです。

やはり、純粋に金への投資を考えるのであれば、第四章で紹介した「ＳＰＤＲゴールド・シェア」を軸にすべきでしょう。

念のため、「日本の金関連株」である住友金属鉱山と松田産業を簡単に紹介しておきます。

◈住友金属鉱山（5713・東証プライム）

日本で唯一、「金鉱山」を保有している会社です。その歴史は古く、事業の発端は戦国時代の、安土桃山時代にまで遡ります。その後１６９０年に愛媛県東部に銅鉱石の大露頭（岩石や地層が露出している場所）が発見されて以来、銅製錬の会社として長期にわたって隆盛します。

ただ、１９５０年代に金属販売価格が大幅に低下すると、同社は金属を加工して販売する事業を始めます。この事業から発展した電子部品向けを中心とした材料事業が、現在でも収益源になっています。

同社が日本唯一の金鉱山である鹿児島・菱刈鉱山を保有していることは述べました。ほかにも、同社は銅やニッケルなどの「非鉄」の資源開発事業を手掛けており、金のほかに、銅やニッケルの市況にも影響を受けます。

◆住友金属鉱山　5年週足チャート

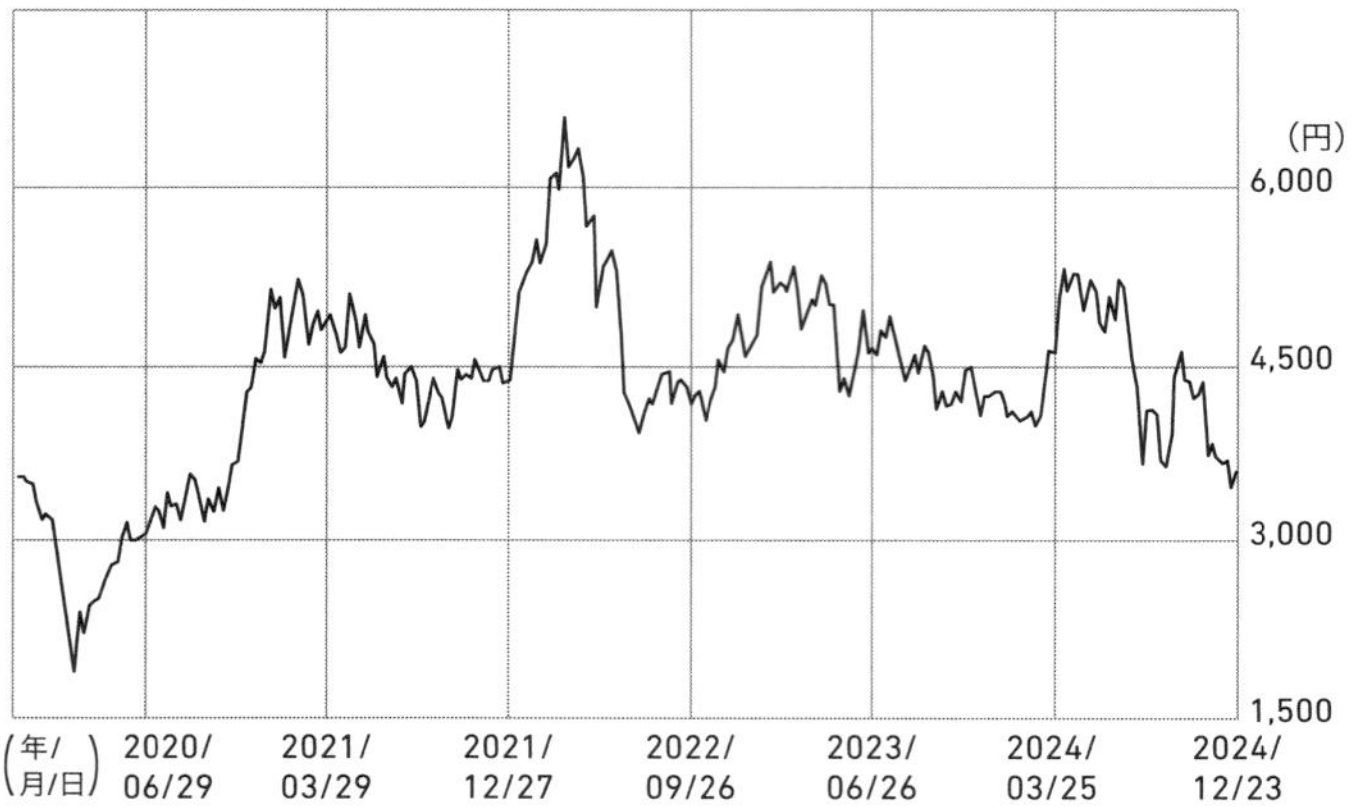

チャート提供：松井証券

同社の収益源は金や銅、ニッケルなどの「資源事業」、低品位の鉱石からも高品質の金属を回収できる「製錬事業」、リチウムイオン電池などの二次電池向け正極材や、スマホなどの通信端末向け結晶材料を中心とした「材料事業」が三本柱となっていて、株価は金と銅、ニッケルの市況に加え、リチウムイオン電池の需要に影響される傾向があります。

つまり、同社は金関連株と電子材料関連株の両方の性質を持つ銘柄なのです。金価格の上昇が業績にとってプラス要因になることは確かですが、それだけで株価が大きく上昇することはないでしょう。

それでも、今後金価格の上昇が続き、さらに世間の注目が金に集まれば、同社株が人気化する可能性があります。あくまで金価格上昇の補完的な存在として、頭に入れておくといいのではないでしょうか。

◈松田産業（7456・東証プライム）

1935年創業のリサイクル会社です。創業初期は、写真の感光材料や、現像に使う薬品の廃液から銀を抽出する事業を手掛けていました。現在は半導体や電子部品、自動車メーカー、家電リサイクル業者などからスクラップを買い取り、金や銀、プラチナ、パラジウムなどの貴金属を回収、再販するというビジネスモデルになっています。金価格が上昇したことで「金関連株」として注目されていますが、厳密には「都市鉱山関連株」と言ったほうが適切でしょう。ほかにも、水産品や農産品、畜産品を輸入・販売する食品関連事業も展開しています。

デスクトップパソコン1台には、100〜150ミリグラムの金が使われています。1000台集めれば100〜150グラムです。2025年2月現在、金の買い取り価格（円建て）は1グラム＝1万5000円程度なので、パソコン1000台から回収した150グラムの金は225万円になります（再販相手は電子部品メーカーや素材メーカーなどの企業相

◆松田産業 5年週足チャート

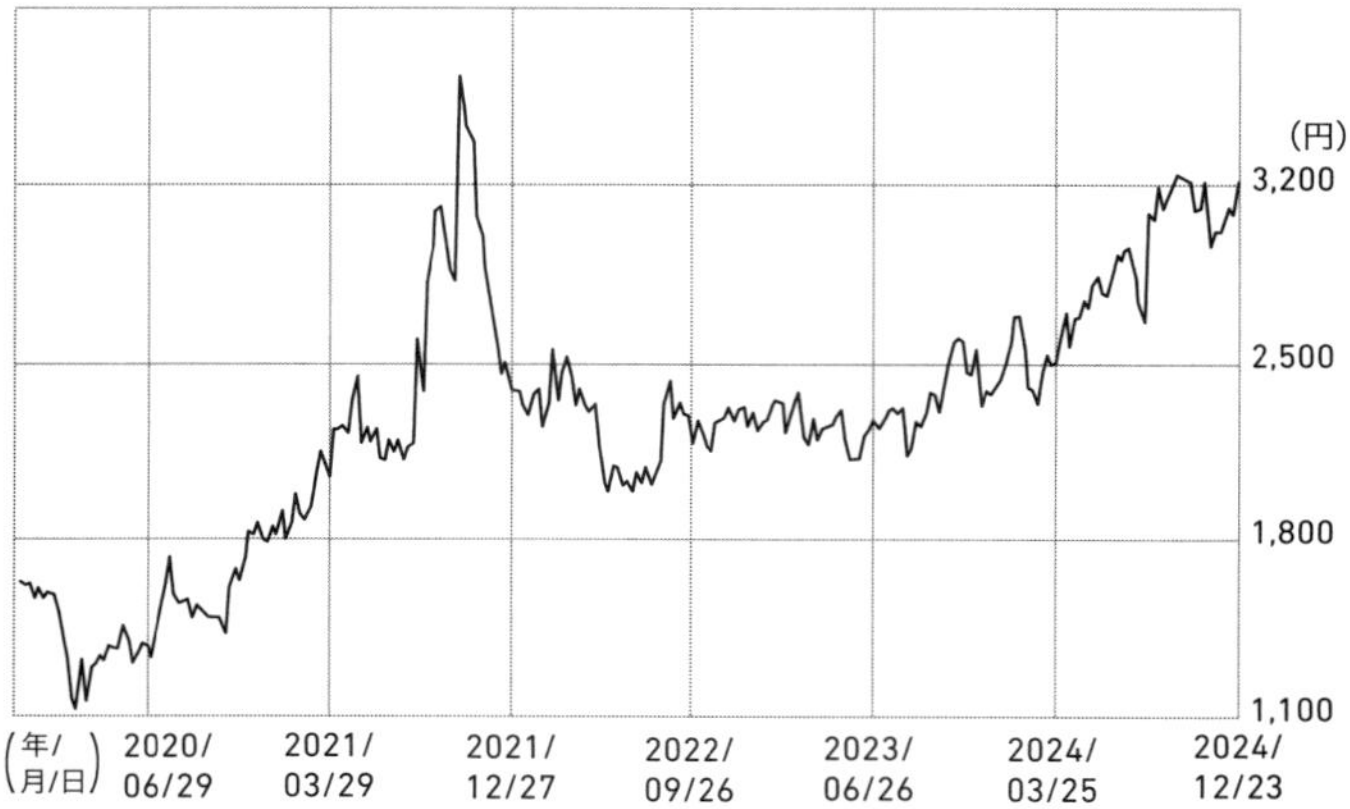

チャート提供：松井証券

手で、宝飾品に加工して個人に売るわけではありません)。

パソコンには、ほかに銀やパラジウムなどの金属や、リチウム、コバルトといったレアメタルも使われていて、同社はそれらも回収し、金同様、再販しています。パソコン以外にも、スマホやテレビなど、ありとあらゆる家電に半導体や電子部品が搭載されています。それらすべてがリサイクルの対象です。

金価格が上昇すれば再販価格も上がるため、当然、同社の利益率は上昇します。ただ、仕入れのメインは半導体や電子部品などの生産工場で出た不良品や規格外となった部材などの買い取りであるため、半導体や電子部品の生産が停滞すれば、買い取る量自体が減り、業績には悪影響があります。

実際、2024年3月期の第3四半期決算（2023年4～12月累計）では、生成AI向け半導体など新分野での需要増加はあったものの、半導体メモリ市況の低迷が続きました。そのため、電子部品業界全体では生産が停滞し、同社の買い取り数量、売上高とも前年同期に比べてわずかに減少。収益面でも減益となっています。この決算発表で、株価は急落しました。

もっとも、長期の株価チャートと、金価格（円建て）のチャートを並べてみると、短期的な上下を除けば、おおむね似通った動きになっています。やはり、金や他の貴金属、レアメタル市況の影響を受けているのでしょう。

また、日本の株式市場には「金関連株」と呼べる銘柄の数が非常に少ないこともポイントとして挙げられます。金価格の上昇がニュースになると、株式市場で最も注目されるのは先に挙げた住友金属鉱山になると思われますが、次点は松田産業になるのではないでしょうか。「金投資」という視点では「SPDRゴールド・シェア」に及ぶべくもありませんが、「こういう金関連の銘柄もあるのだな」という認識は持っておいていいでしょう。

東京市場の数少ない暗号資産(仮想通貨)関連株

「関連株」の筆頭はマネックスグループ

第四章の「金投資とビットコイン」でも少し述べたように、暗号資産ビットコインは「世界中のどこでも換金が可能」という性質を持ち、取引の実績を積み重ねてきたことで、現在は金と同じ性質を持つ金融商品になりました。金の現物のような実物資産ではなく、あくまでデジタル世界で価値を持つ商品ではありますが、決済手段としての社会的役割や価値が担保になっています。

その点で、金関連株と同様、暗号資産（仮想通貨）関連株も注意を払っておくべき存在と言えるでしょう。暗号資産の中心的な存在のビットコイン価格は金価格よりも値動きが激しいため、場合によっては、金を保有するよりもビットコイン価格の上昇によって恩恵を受ける株を買ったほうが儲かるかもしれません。

ただ、日本では暗号資産のマーケットが成熟していないこともあって、ビットコインの価格上昇や普及で業容が一変するほどのインパクトを受ける、いわゆる「本命」と呼べるような銘柄はなかなか見当たりません。ネット検索でズラッと出てくる「暗号資産関連株」は、暗号資産のベースになるブロックチェーン技術を活用したゲームやソフトの開発を行うような企業がほとんどで、どれも「本命」と呼ぶには物足りなさを感じざるを得ません。

あえて本命（＝関連株）を挙げるとすれば、傘下にコインチェックという暗号資産交換所・取引所を抱えるマネックスグループでしょう。

◆マネックスグループ（８６９８・東証プライム）

大手ネット証券のマネックス証券が母体で、個人の口座開設数はＳＢＩ証券、楽天証券に次ぐ第3位となっています。２０２３年10月、ＮＴＴドコモと資本業務提携を結び、マネックス証券は2024年1月からドコモの子会社になりました。今後は、NTTドコモとのサービスの連携を深め、8900万人のドコモユーザーの一部取り込みを狙っているようです。

同社を「暗号資産（仮想通貨）関連株」として見る上でのポイントは、暗号資産交換所・取引所国内トップクラスのコインチェックを傘下に抱えていることです。マネックスグループは2018年、コインチェックを36億円で買収しました。コインチェックの将来性を考えると36億円はバーゲンセール価格と言われますが、これは買収直前、不正アクセスによってコインチェックが管理していた暗号資産の「NEM（ネム）」約580億円分が流出するという事件を起こしたことが影響しています。この事件によってコインチェックの価値が激減したため、マネックスグループはわずかな資金で買収できたと言えるでしょう。

当然、事件発生後は情報セキュリティ5社に調査を依頼し、原因を究明。ネットワークの再構築やセキュリティの強化などの対策を講じ、同様の流出が起きないような管理体制を構築しました。

流出事件発生直後は、コインチェックの評判はガタ落ちしたと思われますが、人のうわさも七十五日。現在は、国内トップクラスの暗号資産交換所・取引所として、日本の暗号資産業界で確固たる地位を築いています。結果として、マネックスグループは安価でコインチェ

◆マネックスグループ　5年週足チャート

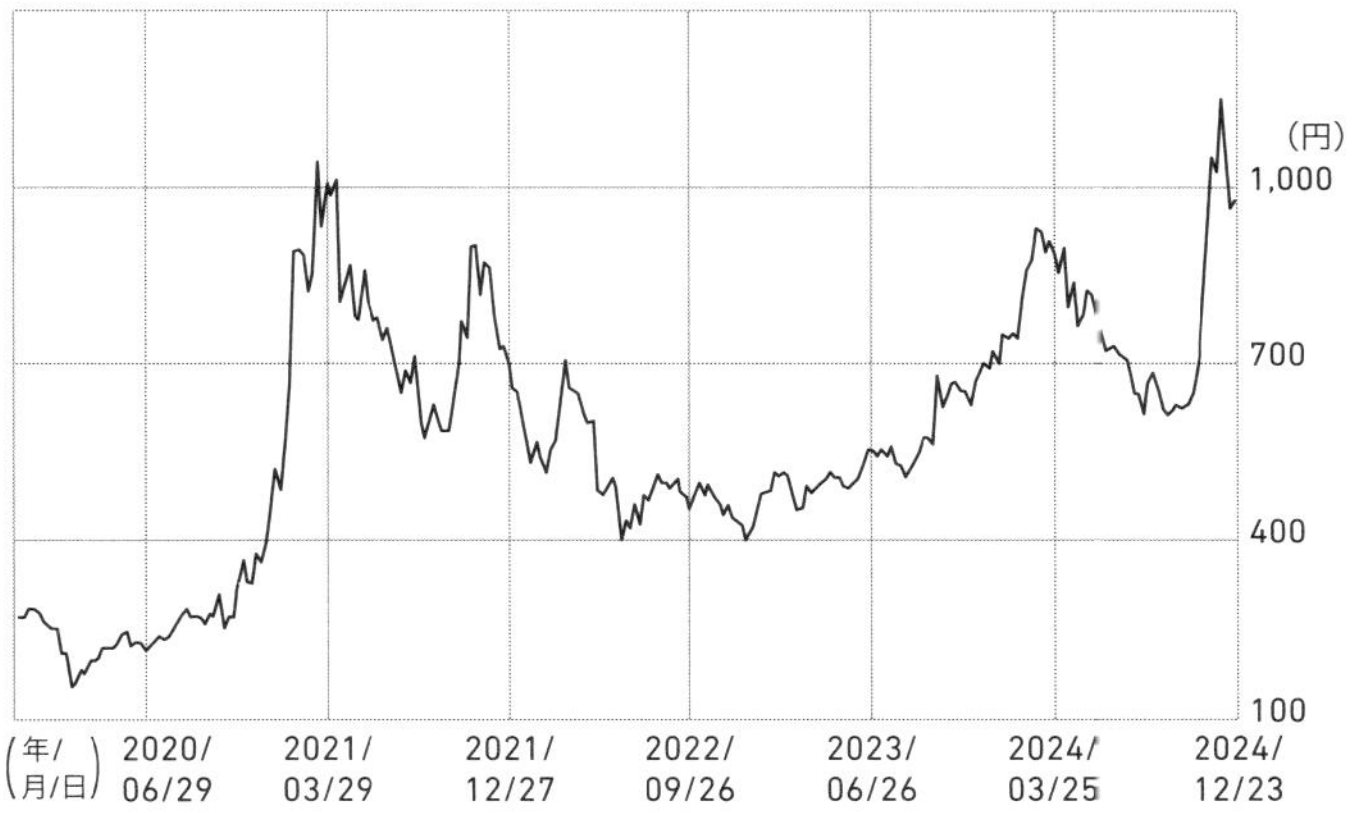

チャート提供：松井証券

ックを買収することに成功したわけです。

先ほど述べたように、日本の株式市場にはビットコインの価値そのものに株価が連動する、明確な「ビットコイン関連株」はありません。しかし、「ビットコイン」の上昇がニュースになると、ほかに関連銘柄の有力候補が少ないこともあり、同社の株が買われるケースが目立ちます。

ビットコインのドル建て価格は、２０２４年12月に１ビットコイン＝10万ドルを突破しました。２０２４年１月、米国の証券取引委員会がビットコイン現物を保有する「ビットコイン現物のＥＴＦ」の上場を承認したことを背景に、ビットコインへの資金流入が続いています。以前は業界関係者の〝たわごと〟と捉えられていた１ビットコイン＝10万ドルを付けたのです。

マネックスグループの株価は、ビットコインの上昇と株式市場の活況に支えられ、2023年1月頃から右肩上がりで上昇、その後一段高になりました。日本でさらにビットコインが一般に認識されるものとなり、その価値が高まれば、同社にとって大きなプラスになるでしょう。

低金利バブルのキーワードは「高流動性」

新時代を迎える日本経済の代表的な存在に

日銀が利上げ政策を続けるとメガバンクを筆頭に銀行株には強烈な追い風が吹く――。これについては、本章の冒頭で「日本のＧＡＦＡＭ株」として取り上げた三菱ＵＦＪフィナンシャル・グループの銘柄解説で述べました。

バブル崩壊以降の日本経済について〝失われた30年〟と言われてきたことは周知の通りです。この〝失われた30年〟で最も大きなダメージを受けたのは、メガバンクを始めとする銀行ではないでしょうか。1990年代後半から2000年代前半はバブル崩壊で発生した巨額の不良債権の処理に悩まされました。それ以降は日銀のゼロ金利政策によって、「預金を元手に金利を付けて貸す」というビジネスモデルが根本から崩壊したわけです。そのため、銀行は投資信託の販売や債券運用によって、落ち込んだ収益を立て直そうとしてきました。また、メガバンクはM&A（合併・買収）への資金提供といった投資銀行業務を強化し、収益基盤を整えたのです。

本書で何度か指摘していることですが、日経平均がバブル時の高値を更新したこと、日銀が小幅であっても利上げをする構えを見せていることは、「日本経済がこれまでのデフレ経済から抜け出し、新たなステージが幕を開ける」ことを表しています。

銀行もこれまで築き上げてきた収益基盤をベースに、本来の業務である「金利を付けて融資し、利ザヤを稼ぐ（ここでは低い金利＝預金で得た資金を高い金利で貸し出す）」ビジネスモデルが復活するでしょう。メガバンクの株価は、2023年から急上昇しています。

≫日銀の「金融緩和気味」な政策がバブルを生み出す

第一章でお話ししたように、今後、日銀が積極的に利上げを行っていくかと言うと、そうはならないでしょう。もしかすると、植田総裁は２０２４年3月にマイナス金利を解除して利上げに踏み切った時、日本の景気拡大や賃金の上昇が続き、積極的に利上げを続けていくというシナリオを描いていたかもしれません。

しかし、7月末の利上げをきっかけに「令和のブラックマンデー」が発生したことで、大幅な利上げには動けなくなったはずです。小幅な利上げに終始し、中立金利を下回る「金融緩和」状態が続くものと私は見ています。植田総裁の任期は２０２８年の4月までですが、相当な利上げの根拠が出そろうまで、目立った利上げに打って出ることは難しいのではないでしょうか。ということは、しばらく、現状の０・５０％～１・００％（１・００％超が中立金利と見られる）の金利が続くことになります。

２０２４年8月5日の「令和のブラックマンデー」が起こる前、日銀はジワジワと金利を引き上げ、中立金利の水準である１％程度にまで金利を上昇させる腹積もりだったと思われます。中立金利とは、金融緩和でも引き締めでもどちらでもない状態のこと。中立金利より政策金利を上げれば「引き締め」、下げれば「緩和」と目される水準です。現状の金利０・５０％は「緩和状態」ということになります。

私は、この「緩和状態」が、「低金利バブル」を生み出し、資金の動きを活発化させると見ています。株価が大きく上昇する根拠《こんきょ》となるものです。

日銀低金利バブルで買われる銘柄

では、この「低金利バブル」下で、どのような銘柄が買われると予想されるでしょうか。
私は、そのキーワードは「高流動性」であると考えています。つまり、日々の出来高が多く、頻繁に売買される銘柄が、低金利バブルで生み出されたマネーによってさらに買われていくことになるでしょう。

2024年初頭から、半導体関連株が相場のけん引役として人気になりました。ただ、半導体関連株は世界的なAIブームを背景に、銘柄によっては一時買われ過ぎとも指摘されました。半導体関連株の中でも、AIやデータセンターの需要に主力として食い込んでいく銘柄については、今後も力強く買われていくでしょう。ただ、半導体関連株に関しては、2024年の前半のように多くの関連株が人気になるのではなく、ある程度、選別が進むことになるはずです。

２０２４年の前半に買われ過ぎた銘柄に代わって、低金利によって生み出された資金は銀行や保険、商社、防衛といった流動性の高い業種やセクターに向かうと、私は考えています。第一章で述べた「円キャリートレード」が復活し、円安が進めば、自動車もこれらの仲間入りをすることになるでしょう。

また、次の上昇相場ではベンチャー株にも資金が流れることになるのではないでしょうか。ベンチャー株は、日経平均株価が１万円台から４万円台に上昇した局面でも、ほとんど買いの圏外に置き去りにされていました。

こうしたベンチャー株が、「日銀低金利バブル」の相場では、出遅れている銘柄群の一つとして、物色の対象になっていく可能性が高いでしょう。そうは言っても、ベンチャー株なら何でもかんでも買われるような相場ではなく、これからの時代で着実に成長していくシナリオがはっきりと見える銘柄にチャンスが訪れるのではないでしょうか。

以下、「日銀低金利バブル」のマネーが向かうと考えられる3銘柄を紹介しましょう。

◆楽天グループ（４７５５・東証プライム）

ネット通販のほか、金融、携帯電話など幅広く手掛ける企業です。東証プライム市場に上場しており、厳密には新興企業とは呼べないかもしれませんが、株式市場での認識や扱いは、新興企業を代表する銘柄と言って差支えありません。新型コロナ後の上昇相場ではあまり買われず、２０２１年以降は買いの圏外に置かれていた銘柄です。そのため、株式の需給関係は悪くありません。

私は、日銀低金利バブルでは、「これまであまり買われていない」「高流動性」「株式の需給関係がいい」銘柄に投資マネーが向かうと考えているので、この銘柄はそうした条件にぴったりと当てはまります。

新規事業が軌道に乗ってくると、巨額の投資を行うことで納税額を抑え、成長の源泉となるように育てていく手法は、かつてソフトバンクグループがやっていた戦略です。その結果、ソフトバンクグループは営業利益ベースで１兆円が狙える企業に成長しました。楽天グループは新たに参入した携帯電話事業で巨額の投資を行いましたが、契約者数ほか、ようやく芽が出る材料が出てきました。今後は、「日銀低金利バブル」の象徴的な銘柄になる可能性があるでしょう。

◆タイミー（２１５Ａ・東証グロース）

単発、短時間といったすき間の時間でアルバイトを探す「スキマバイト」のアプリを提供している企業。2024年7月に東証グロース市場に上場したばかりです。「スキマバイト」は時代のニーズに合致していて、ここ数年間、登録事業者、登録ワーカーともまさに右肩上がりになっています。

新規に上場した企業の中には、上場後の業績予想が不鮮明だったり、きちんとした成長シナリオが描けなかったりする銘柄が少なくありませんが、この銘柄は時代のニーズを背景に、登録事業者、登録ワーカーの伸びによって、業績の拡大がはっきりと見える数少ない新規上場銘柄の一つです。

「日銀低金利バブル」のマネーが向かう先の条件として「これまであまり買われていない、買われ過ぎていない」ということが挙げられますが、この銘柄は、今後、上場直後の1600～1800円あたりは多少、値動きが重くなるかもしれませんが、そこより上の価格帯のしこりはほとんどなく、日銀低金利バブルマネーが向かう対象になるでしょう。しっかりとした成長がイメージできるだけに、今後の上昇相場では資金が流入していくことになると見ています。懸念は類似の新興企業が出てくることですが、そうした類似企業の買収による業容の拡大にも期待したいところです。

◆メルカリ（4385・東証プライム）

フリーマーケットアプリ「メルカリ」を運営する企業です。国内事業は堅調に推移していて、暗号資産事業の売上も伸びていますが、ここは海外事業が完全にブレーキ要因になっています。英国事業は伸びが見込めず、2018年に撤退しましたが、問題は米国事業。出店側の販売手数料を無料にするなど、いろいろと手を打っていますが、いまだに苦戦が続いています。個人的には、米国からの撤退が株価にとっては最もプラスに働くと思っています。

ただ、株式の需給関係はまずまずで、コロナ後の相場でも低迷が続いていました。私は、「日銀低金利バブル」では、こうした銘柄にもチャンスが生まれると考えています。

マネーの動きが活発になればなるほど盛り上がる証券株

相場活況の裏に証券株あり

「株式市場活況＝証券株上昇」――。私はそう見ています。証券会社は、言うまでもなく株式市場活況が追い風になるビジネスモデルです。

証券会社は、リーマン・ショック後など株式相場の低迷時に収益基盤の多角化を進め、投資アドバイザリー（助言）やアセット・マネジメント（金融資産の管理業務）、投資銀行業務などを展開しています。しかし、最大の収益基盤は、やはり個人投資家や機関投資家向けの営業でしょう。経済や個別銘柄の情報を提供し、顧客を獲得していきます。

２０２４年2月22日、日経平均株価はバブル時に付けた高値３万８９１５円87銭を終値ベースでも更新しました。これによって、証券会社の受付窓口には、株式投資についての問い合わせが殺到したそうです。もしかすると、その段階で日々の相場の値動きを意識している個人投資家は、日経平均の史上最高値更新は時間の問題という認識が広がっていたのかもしれません。そのため、実際に史上最高値を更新し、４万２０００円台を付けても「やはりそうか」程度の感覚だったのではないでしょうか。

また、以前は株をやっていたが、バブル崩壊やリーマン・ショックなどによるパニック的な相場の暴落などを受けて止めてしまった人、あるいは全く株式投資の経験がない人が、「史上最高値更新」というニュースを耳にして「始めてみよう」と考えたのでしょう。そして、「ひとまず窓口に問い合わせてみよう」と思い、証券会社への問い合わせという行動に出たのだと思います。

「史上最高値の更新」は、インパクトのあるニュースだったのです。

アベノミクス相場が始まった２０１３年、東証の日々の売買代金は、通常は１兆円台、取引が活発な日でも2兆円を超える程度。株式相場はその後も上昇を続けますが、売買代金の水準に大きな変化は見られませんでした。

それが、2024年1月は3兆円超えが当たり前になり、その後4兆円をオーバーする日が増え、このような水準が日常的になっています。それだけ、いまは「株をやろう」と考える人が増え、証券市場にマネーが押し寄せているということです。

株式市場にマネーが集まれば、証券会社の株式委託手数料（売買代金）が増えるだけでなく、助言や資産管理、IPO（株式の新規公開）に関する業務など、あらゆる部門が活発化し、相場活況の恩恵を受けるでしょう。

今後、日本の株式相場はさらに活況となることが想定されます。そうなれば、証券会社の株も買われる展開になるでしょう。私は、野村ホールディングスと大和証券グループ本社の大手総合証券株と、準大手証券株に注目しています。

当然、ネット証券も相場活況の恩恵を受けることは間違いありませんし、株価も上がるでしょう。ただ、富裕層の顧客を多く抱える大手総合証券とは顧客層がやや異なり、株式市場の活況の恩恵をフルに受けるのは、やはり総合証券でしょう。野村や大和などの大手総合証券は、「日本の証券業界の主力株」であることも、買い要因の一つになると見ています。

◆野村ホールディングス 5年週足チャート

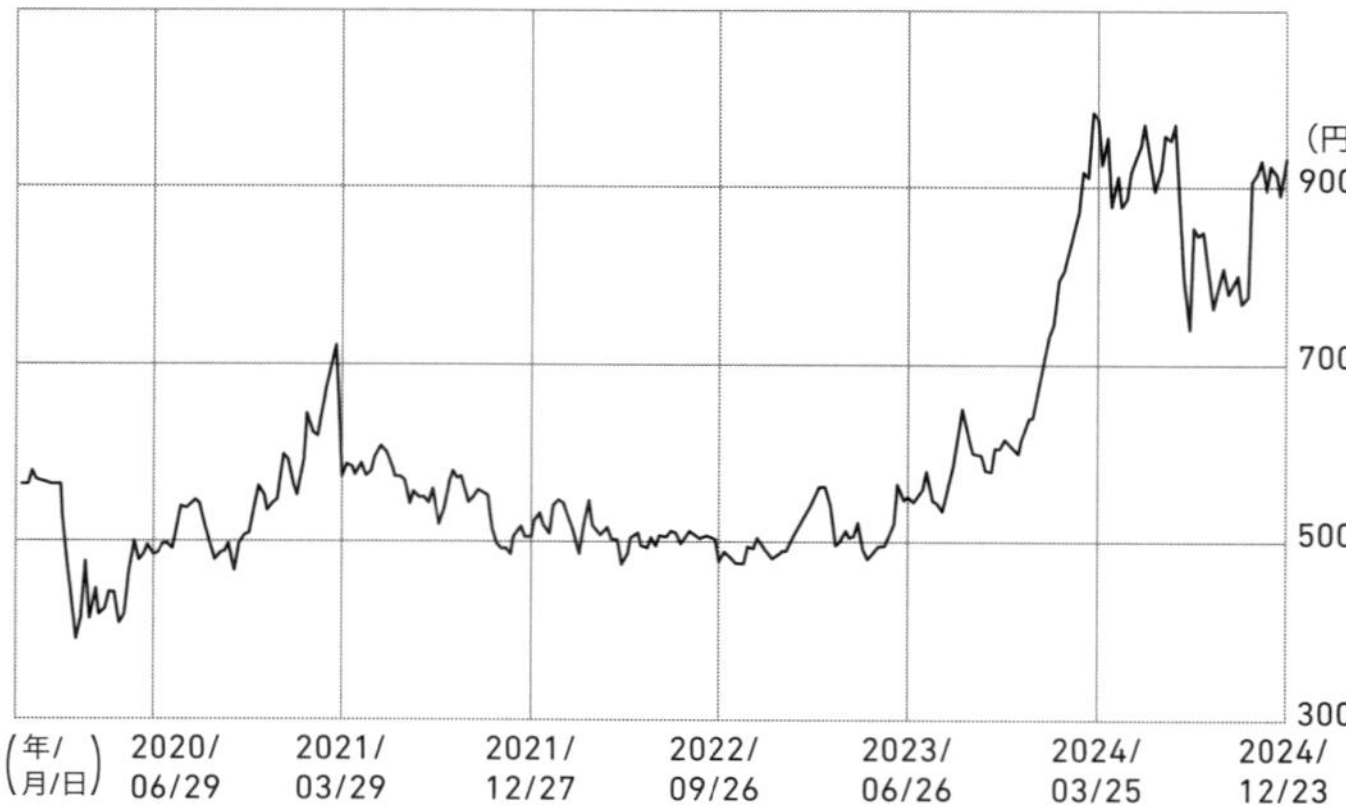

チャート提供：松井証券

◆野村ホールディングス（8604・東証プライム）

国内証券会社トップで、1925年創業の老舗企業です。2017年に営業体制の改革に着手し、個人投資家や小口取引を担当するリテール部門を強化してきました。その結果、2023年の第2四半期（7～9月期）ではリテール部門のストック収入（売買手数料による収入）が6年ぶりの高水準となりました。日経平均が急騰した第4四半期（1～3月期）の収益は、もう一段上の水準が期待できます。リテール部門を強化してきた効果によって、2024年1月以降の相場活況の恩恵も大きくなりそうです。

株価はリーマン・ショックによる暴落後、2013年以降のアベノミクス相場で多少は盛り返しましたが、それでも2000年のITバブル時に付けた高値3510円の3分の1以下の水準にとどまっています。

その後は低迷が続き、リーマン・ショック後には一時223円まで下落していました。相場の活況を受け、2024年に入ってから急騰していますが、それでもアベノミクス相場の1年目に付けた高値980円をうかがう程度でした。

今後は、株式相場の活況と、それに伴う業績の拡大を背景に証券の主力株として買いが継続すると見ています。

◆大和証券グループ本社（8601・東証プライム）

国内証券2位の企業です。その歴史は野村證券より古く、証券コードの「8601」にもそれが表れています（証券コードの末尾2桁が「01」の銘柄は、「ゼロイチ銘柄」と呼ばれ、そのセクターの老舗、または代表的な銘柄に割り当てられることが多いです）。1998年、松井証券がネット証券で初めてネット取引を始めましたが、それよりも早い1996年にネットを利用した株取引を開始するなど、柔軟な経営も強みです。

ここ数年、野村ホールディングスが店舗の統合を進めるなど効率化を意識した経営を推し

◆大和証券グループ本社　5年週足チャート

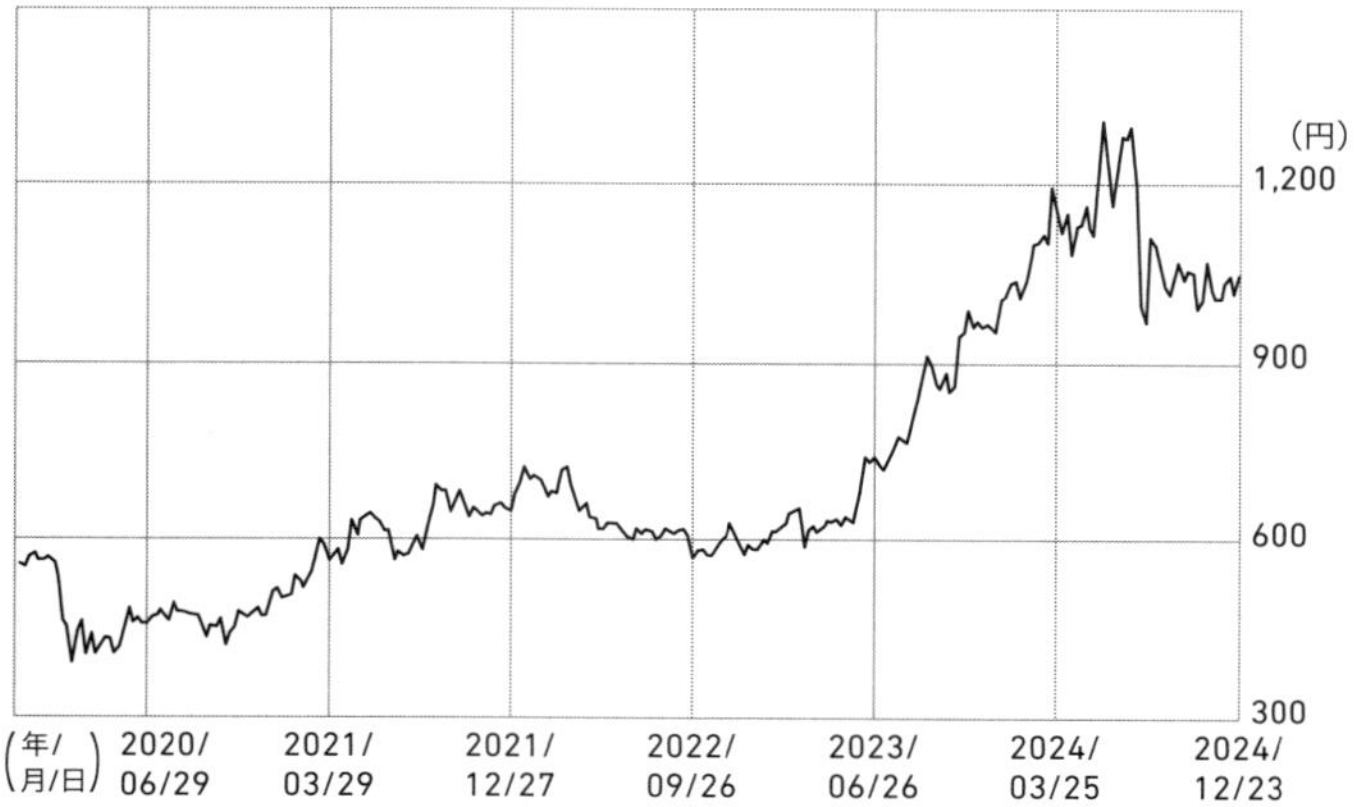

チャート提供：松井証券

進める中、大和も駅前の大型店舗を閉鎖する一方で、個人投資家向けの細やかなサービスに対応するため、小型店を大幅に増やし、個人投資家を重視しているようです。

株価は、コロナショック時に付けた安値367円から、2024年7月には1300円あたりまで上昇しました。

業績の規模では野村の営業収益（一般企業の売上高に相当）が4兆1573億円、大和は1兆2775億円（いずれも2024年3月期ベース）と3倍ほど水を開けられていますが、株価の動きを見ると、個人投資家を重視する姿勢が評価されているように思われます。

野村と並んで「証券の代表格」として買われる銘柄であり、株式市場への資金流入の恩恵によって、株価はさらに上値を目指すでしょう。

◆日本取引所グループ（8697・東証プライム）

東証、大阪取引所などの証券取引所を運営する、株式市場そのものと言える企業です。東証（を運営する会社）が、東証に上場していることを知らない方もいるのではないでしょうか。

株式市場活況の恩恵を受けるのは、証券会社だけではありません。売買代金が増えたり、新たに上場する企業が増えたりすることは、取引所にとっても追い風になります。

株価は、それぞれの証券会社が自社で成立させているわけではありません。株を売買しようとして注文を出すと、東証など取引所を経由して、その注文が成立します（一部で、証券会社自体が値付けをする「マーケットメイク」がなされることもあります）。日本取引所グループは、投資家や証券会社に取引の場や取引システムを提供し、手数料を受け取っているのです。株式やその他のデリバティブ（金融派生商品）などの売買に伴って証券会社からもらう手数料（取引関連収益）が、日本取引所グループの収益の柱になります。つまり、株式相場が活況となり、日々の売買が増えれば増えるほど、同社の収益は拡大するわけです。

◆日本取引所グループ　5年週足チャート

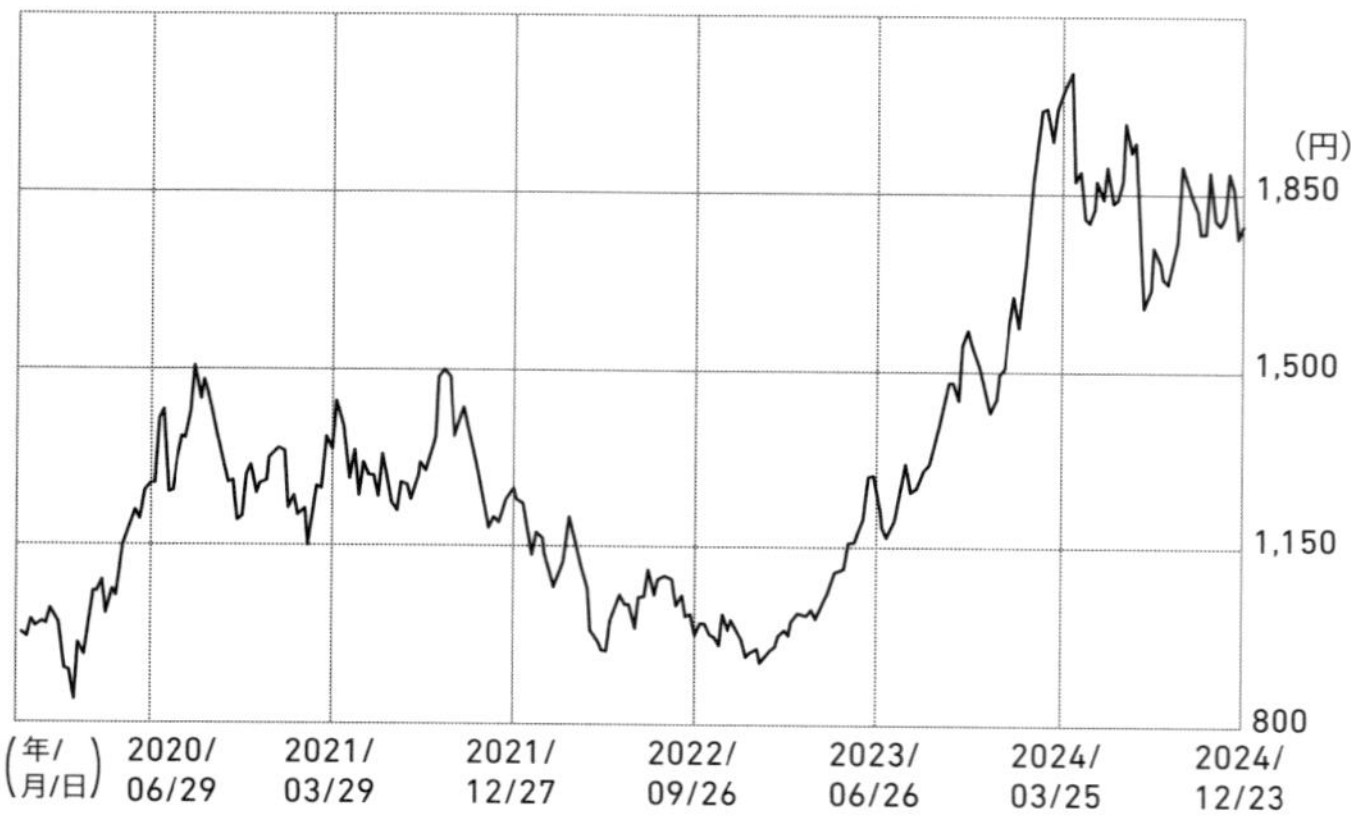

チャート提供：松井証券

もちろん、同社の株価の値動きにとって業績推移は重要ではありません。ただ、ポイントになるのは野村ホールディングスや大和証券グループ本社などと同様、「日本の証券業界の主力株」としての位置にある銘柄であること。日本の株式市場の活況が続けば、その追い風を受け、同社の株も買われることになるでしょう。実際、株価は野村や大和と似たような値動きになっています。

その観点では、株の信用取引の資金や株券の貸し付けを行う日本証券金融（８５１１・東証プライム）も同じように注目に値します。

本章では、「日本のＧＡＦＡＭ株」や「７人のサムライ株」など、いま私が注目している銘柄を紹介しました。どれも、業績が好調というだけではなく、日本の株式相場の活況を背景に「主力株」として国内外の投資家から注目され、買われる可能性が高い銘柄ばかりです。

こうした主力株に目を向けず、値動きの荒い小型株ばかりをターゲットにしている個人投資家も少なくないことでしょう。しかし、長期的に大きく儲けようとするのであれば、相場の本流をしっかり摑んでおくことが、何よりも重要なのです。

ここで紹介した銘柄と、注目する理由を把握しておけば、必ずその「相場の本流」を摑むことができると確信しています。

おわりに

一生に一度の資産増大のチャンスに向き合う

中国で起きた「過去にない動き」

2024年1月17日、中国の上海市場で「日本株ETF売買停止措置」が発動されました。この措置は、ETFそのものや取引システムに問題が生じたのではなく、投資家の売買が殺到し、ETFの価格が急騰する可能性があったことから取られたものでした。

同日、中国の上海証券取引所は、同取引所に上場する日経平均株価連動型ETFの売買を約1時間取引停止としました。

ETF設定元は「取引価格がETFの基準価額を大幅に上回っており、投資家が重大な損失を受ける可能性があるため」と説明しました。

売買が殺到し異常値が付く可能性があったということです。

この時に売買停止とされたＥＴＦ（「華夏野村日経２２５ＥＴＦ」）は、２０１８年の日中首脳会談を機に日中で相互上場した複数のＥＴＦの中の一つで、純資産残高はこの前日時点で6億５８００万元（約１３０億円）と比較的小規模のものですが、売買が殺到し、売買代金は資産残高の約7倍にまで膨れ上がっていました。同日に取引が再開された後も上昇し、値幅制限いっぱいまで買われる場面もありました。

中国の投資家は、設定元や取引所の措置を無視して日本株ＥＴＦを買いに出たわけです。中国本土の投資家は規制によって海外資産にアクセスする手段が限られる中、日本株の上昇を受け、低迷する自国株よりも日本株を保有しておきたいと考え、日本株への投資手段である「日本株ＥＴＦ」に資金が殺到したのです。

その動きが急すぎて、売買停止措置が取られるなど、もちろん過去には聞いたことがありません。

私は興奮しました。「ここまで日本株が評価されているのか！」と。

東京市場では、売買シェアの過半を占めるメインプレーヤーは外国人投資家であり、彼らの売買動向によって株価が上下するというのが通例です。外国人投資家は欧米のファンドを中心としたもので、もちろん自由に日本株を売買することができます。

そのような投資家ではなく、「日本株を自由に売買できない投資家まで日本株を買いたいと考えていること」が明確となったのが上海市場の例です。

私はこの動きを「変革時に起こること」と捉えています。大きな変革を迎える時には、過去には聞いたことがない事態が発生するものと認識しており、この上海市場の例はそれに該当すると思っています。

これは、もちろん日本株のさらなる上昇を予感させるものです。

金についても動きが見られています。中国では金現物購入の動きが広がっているとされています。2023年の中国人民銀行（中央銀行）と個人の金の購入量は前年に比べ3割増えたとの報道もありました。コロナ後の景気回復が進まず、不動産市況悪化や株価の値下がりが、逆に「安全資産」としての金の評価を高める格好となっているのです。加えて、中国人民銀行も米国との対立が続く中、外貨準備におけるドルの保有を減らし、金を購入する動きを加速しているとされています。

本書で提唱してきた「日本株高、金高」を補完するダメ押し要因として、中国の動きを付記しました。

買われるものはさらに買われ高くなる

日本人の多くはバブル崩壊後、今日まで「下落した株価が戻りを試す時に儲けよう」というスタンスだったと思います。

「バブル崩壊後の安値で買っていれば〜」「ITバブル崩壊後の安値で買っていれば〜」「リーマン・ショック後の安値で買っていれば〜」ということがまるで株式投資の基本のように言われていました。株価の天井はそれほど高くないものの（バブル時の高値など更新することはないという認識）、ショック的に安くなった時に株を買っておけば、その後の戻り相場でそれなりに儲けることができる、だから安値を狙う、というものです。

すでにバブル期の日経平均の最高値を更新しているいま、そのスタンスは過去のものになっています。日本株への投資は、安くなった株価の戻りを狙うのではなく、高くなった株価のさらなる高値を狙うものに転換しているのです。

それでも現状は多くの日本人が株を保有しているわけではなく、先んじて日本株買いに転じた外国人投資家が相場をリードしている状態です。

日本人が日本株を買えばさらに高くなります。

日銀の低金利政策は市中のカネをダブつかせ、少なくない部分が株式市場に流れていくのです。その頃になると、これまでと違う風景を目にすることになり「バブル」と表現されるシーンも見られるでしょう。

投資をする者にとって「最もおいしい時」です。

株価の上昇によって、これまで日本経済に対しネガティブな見方しかしなかった日本人が株を買うようになり、株式市場に流通する株を多くの投資家が奪い合うことによって、株価は想定以上の上昇をすることになります。

日経平均が5万〜7万円に達するという見立ては、決して極端なものではないと考えています。

私は「一生に一度の資産増大のチャンス」が到来していると強く感じています。それを後押しするものが日本株と金です。

株価にしても金価格にしても日々動きがあるものです。スルスルと上がり、高値近辺にあるのがいまです。過去と比べ価格が高いから、もう天井だ、という見方は通用しなくなっています。

「買われるものはさらに買われ高くなる」

この新時代の指針を念頭に、ほんの数か月、株式市場の動きを見てください。

私が本書で説いていることがさらにおわかりいただけるでしょう。

著者略歴

天海源一郎（てんかい げんいちろう）

株式評論家・個人投資家。1968年大阪市生まれ。関西大学卒業後、ラジオたんぱ（現・ラジオNIKKEI）入社。東京証券取引所記者クラブ記者、番組ディレクターなどを経て2004年独立。個人投資家に向けた執筆活動・動画出演・セミナー活動を各種メディアで行う。著書多数。

2025年3月現在、以下のメディアに寄稿、出演。
『週刊現代』『FRIDAY』（ともに講談社）、『週刊SPA！』（扶桑社）、『週刊エコノミスト』『サンデー毎日』（ともに毎日新聞出版）、『ダイヤモンドZAi』（ダイヤモンド社）、『デイリー新潮』（新潮社）、『マネーサテライト』（松井証券）、『岡三ネットラジオ』（岡三証券グループ）。

https://www.tenkai.biz/
天海源一郎オフィシャルウェブサイト
メルマガほぼ日刊「天海のつぶやき」発行。

編集協力　新井奈央
装幀　小口翔平＋畑中茜（tobufune）
DTP　美創

株と金《ゴールド》の大投資術

2025年3月10日　第1刷発行

著　者　天海源一郎
発行人　見城 徹
編集人　石原正康

発行所　株式会社 幻冬舎
〒151-0051 東京都渋谷区千駄ヶ谷4-9-7
電話 03(5411)6211(編集)
03(5411)6222(営業)
公式HP:https://www.gentosha.co.jp/

印刷・製本所　株式会社 光邦

検印廃止

Printed in Japan
ISBN978-4-344-04413-5 C0095

この本に関するご意見・ご感想は、
下記アンケートフォームからお寄せください。
https://www.gentosha.co.jp/e/